A CONSTRUÇÃO DO LETRAMENTO
NA EDUCAÇÃO DE JOVENS E ADULTOS

Marina Lúcia Pereira

A CONSTRUÇÃO DO LETRAMENTO NA EDUCAÇÃO DE JOVENS E ADULTOS

3ª edição

autêntica

Copyright © 2004 Marina Lúcia Pereira
Copyright © 2004 Autêntica editora

CAPA
Victor Bittow

EDITORAÇÃO ELETRÔNICA
Waldênia Alvarenga Santos Ataíde

REVISÃO
Rosemara Dias dos Santos

EDITORA RESPONSÁVEL
Rejane Dias

Revisado conforme o Acordo Ortográfico da Língua Portuguesa de 1990, em vigor no Brasil desde janeiro de 2009.

Todos os direitos reservados pela Autêntica Editora. Nenhuma parte desta publicação poderá ser reproduzida, seja por meios mecânicos, eletrônicos, seja via cópia xerográfica, sem a autorização prévia da Editora.

AUTÊNTICA EDITORA LTDA.

Belo Horizonte
Rua Aimorés, 981, 8° andar . Funcionários
30140-071 . Belo Horizonte . MG
Tel.: (55 31) 3214 5700

Televendas: 0800 283 13 22
www.autenticaeditora.com.br

São Paulo
Av. Paulista, 2073, Conjunto Nacional, Horsa I,
23° andar, Conj. 2301
Cerqueira César . São Paulo . SP .
01311-940
Tel.: (55 11) 3034 4468

UNIVERSIDADE FUMEC
Faculdade de Ciências Humanas
Rua Cobre, 200 – Cruzeiro – 30310-190
Fone: (31) 3228-3090 – Fax: (31) 3281-3528
www.fumec.br
e-mail: editora@fch.fumec.br

          Pereira, Marina Lúcia de Carvalho

P436c   A construção do letramento na educação de jovens e adultos / Marina Lúcia de Carvalho Pereira . — 3 ed. — Belo Horizonte: Autêntica/FCH-FUMEC, 2013.

        168 p.

        ISBN 978-85-7526-137-8

        1.Educação. 2. Alfabetização. I. Título.

                                    CDU 372.4

Ficha catalográfica elaborada por Rinaldo de Moura Faria - CRB6-1006

Para minha mãe Maria Nazaré, onde tudo começou.
Para Inêz, Helen e Valdir, amor e carinho na caminhada.
Para Itamar, minha vida.
Ao Prof. Dr. Antonio Augusto Gomes Batista pela orientação da dissertação que originou este livro.
Aos participantes do Projeto que se dispuseram a falar de suas experiências e me permitiram participar de suas vidas.

Sumário

INTRODUÇÃO 9

CAPÍTULO I
Alfabetização de jovens e adultos: uma abordagem do problema............ 13

CAPÍTULO II
Caracterização do campo de pesquisa: o projeto e os sujeitos envolvidos na alfabetização 27

CAPÍTULO III
O discurso sobre a leitura e a escrita 75

CAPÍTULO IV
Os eventos do letramento............................. 105

Considerações finais – Reflexões acerca do letramento na educação de jovens e adultos.............157

Referências.. 163

Introdução

O estudo que deu origem a este livro tem como questão central: qual é o tipo de letramento que é construído num contexto específico de um projeto de Educação de Jovens e Adultos? Essa questão emerge da minha prática pedagógica e da minha formação acadêmica nesta área.

O processo de alfabetização de jovens e adultos trás muitos desafios tanto para aqueles que se propõem a assumir essa tarefa de alfabetizador quanto para os alfabetizandos. Muitas práticas se mostram insuficientes para promover a inserção plena dos alfabetizandos na cultura da escrita. As limitações são de diferentes ordens; entre elas se tornavam evidentes aquelas que se referem à seleção de conteúdos e à adequação de métodos de ensino. Somado a isso, há no processo as expectativas dos educandos em relação ao aprendizado da leitura e da escrita. Os alfabetizandos expressam de modo recorrente, por exemplo, o desejo de "falar melhor", "escrever direitinho", "ler bem", "não depender sempre dos outros".

Este estudo buscou, entre outros aspectos, entender qual seria a condição social e histórica desse alfabetizando e os tipos de usos da leitura e da escrita que sua prática permite, quais domínios esses alunos constroem da leitura e da escrita e, portanto, que tipo de inserção na cultura letrada é permitido a esses sujeitos através dos cursos de alfabetização.

Algumas perguntas orientaram a construção deste estudo: O que, de fato, se está ensinando, quando se ensina a leitura e a escrita para jovens e adultos? Que condições são dadas para esse aprendizado? Quais são as condições de letramento numa turma de alfabetização de jovens e adultos? Que tipo de letramento a interação desses condicionantes tende a possibilitar? O que acontece nas práticas de letramento?

Os pressupostos que orientaram a construção dessas perguntas são os seguintes:

- as condições sociais e históricas de aquisição e de uso da escrita geram diferentes tipos de letramentos ou diferentes estados e condições letradas;
- o letramento construído é resultante do inter-relacionamento de um conjunto de fatores, como, por exemplo, as negociações entre professor e aluno, os tipos de usos sociais da escrita que são propostos em sala de aula, as práticas sociais nas quais o indivíduo está inserido fora da escola.

Esses pressupostos estão relacionados ao campo de estudos sobre o letramento numa perspectiva que identifica que não existe uma única condição de letramento, mas que este é resultante das condições sociais de uso e de aquisição da escrita. Por isso, não se buscou estudar aqui o letramento de jovens e adultos em geral, mas, sim, de jovens e adultos de um grupo específico. O grupo selecionado para esse estudo era integrado por alunos, que se encontravam em fase inicial da aprendizagem da língua escrita, de um Projeto de Educação de Jovens e Adultos situado em Belo Horizonte, no ano de 2000, e cujas características de organização, estrutura e funcionamento o diferenciam das demais propostas nessa área.

A organização deste estudo se apresenta da seguinte forma: o primeiro capítulo esboça o quadro de preocupações e pressupostos que originaram o objeto desta pesquisa. Para isso, propõe uma discussão sobre os desafios para a alfabetização de jovens e adultos do ponto de vista do ensino, enfocando a grande dificuldade encontrada pelos programas e campanhas destinados a esse público em cumprirem seus objetivos. Define, também, o modo pelo qual é utilizado o conceito de letramento nesse trabalho e apresenta os objetivos gerais e específicos da pesquisa.

O segundo capítulo apresenta o campo da pesquisa, sua estrutura e funcionamento e os sujeitos envolvidos no processo de alfabetização estudado (professores e alunos). Ele está dividido em duas partes. A primeira busca caracterizar o projeto e o seu cotidiano, e a segunda focaliza os sujeitos da pesquisa.

O terceiro capítulo busca explicitar, através dos discursos dos sujeitos, os sentidos que estes atribuem à aquisição da escrita e aos seus usos, a fim de analisar as disposições, os valores e significados que o domínio e o uso da escrita assumem. Ele está dividido em três partes. A primeira trata dos usos que os sujeitos fazem ou pretendem fazer da escrita, a segunda se refere aos valores que estes tendem a atribuir ao sistema de escrita, e a terceira aborda a visão dos sujeitos sobre o aprendizado.

O quarto capítulo descreve e analisa esses eventos, buscando apreender o tipo de letramento que a prática educativa do projeto tende a possibilitar. Ele está dividido em duas partes. A primeira abrange um conjunto de aulas relativas ao processo de alfabetização, nas quais os eventos eram destinados ao aprendizado da escrita. A segunda parte abrange outro conjunto de aulas relativas ao trabalho desenvolvido com outras temáticas e nas quais os eventos estavam voltados mais para o uso da escrita.

Na última parte é feita uma reflexão acerca do letramento na educação de jovens e adultos, considerando os resultados da pesquisa. Procuramos dialogar com a recente produção teórica sobre o letramento, relacionando-a com o trabalho da Educação de Jovens e Adultos e apontando reflexões que possam ser úteis para as ações alfabetizadoras nesse campo.

A análise dos dados coletados mostrou, entre outras coisas, que o tipo de letramento que é construído nesse contexto específico se define a partir de um conjunto de fatores que se referem principalmente às experiências sociais, culturais e históricas de relação com a escrita dos sujeitos e aos processos educativos em torno da aquisição e do uso da escrita pensada no projeto. A inter-relação desse conjunto de fatores construiu um tipo de letramento bastante limitado quanto à aquisição e ao uso do sistema de escrita pelos sujeitos. Isso se deve, principalmente, à organização da prática pedagógica adotada pelo projeto. Uma proposta educativa que de fato pretenda desenvolver em seus educandos uma condição letrada que permita o efetivo uso da língua escrita tem que considerar uma diversidade de práticas, buscando garantir, entre outras coisas, a construção de conceitos e regras respeitando uma progressão no grau de complexidade na abordagem do sistema de escrita.

Alfabetização de jovens e adultos: uma abordagem do problema

Os desafios da "educação" de jovens e adultos

Verifica-se, ao longo da história, a grande dificuldade de os programas destinados à educação de adultos cumprirem seus objetivos. De modo geral, estudos e documentos, nos quais me baseei para esboçar um histórico dessa modalidade de ensino, mostram que essa educação não constitui foco de prioridade no âmbito das políticas governamentais. Segundo Schmelkes (1996), a observação do panorama que se apresenta na América Latina aponta, entre outras coisas, que a educação de adultos recebe menos recursos e que falta formação profissional para os indivíduos que atuam no setor. Como consequência, os serviços oferecidos são de baixa qualidade, não obtendo os resultados esperados, perpetuando, assim, um círculo vicioso que impede que essa atividade adquira sua devida importância.

Essas constatações, relativas à América Latina, também estão presentes no caso brasileiro. Na história recente de nosso País, a educação de adultos define a sua identidade a partir de 1947, constituindo-se como uma campanha nacional para as massas. Foi, então, lançada a Campanha de Educação de Adultos, que buscava alfabetizar em três meses, sendo o curso primário organizado em dois períodos de sete meses. Uma outra etapa prevista pretendia trabalhar a capacitação profissional e o desenvolvimento comunitário. A campanha possibilitou a criação de várias escolas supletivas[1], aglutinando esforços tanto de profissionais quanto de voluntários. Embora influenciada por novas administrações, pela euforia nacionalista e pela intensa industrialização vivida no País, a campanha não obteve sucesso, inclusive em zonas rurais, sendo extinta antes do final da década de 50. Sobreviveu apenas a rede de ensino supletivo assumido pelos estados e municípios.

No campo pedagógico, essa campanha, como demonstra a Ação Educativa (1997)[2], fomentou a discussão teórica em torno da educação de adultos e do analfabetismo no Brasil. Até então, esse fenômeno era entendido como causa e não como efeito da situação econômica, social e cultural do País. O adulto analfabeto, nesse momento, era visto como o incapaz e marginal, assemelhando-se com a criança tanto socialmente quanto em relação à aprendizagem. A intensificação dessas discussões, somada aos estudos da psicologia experimental nas décadas de 20 e 30 nos Estados Unidos, sobre a capacidade de aprendizagem dos adultos, possibilitaram o reconhecimento das potencialidades do adulto analfabeto, modificando, assim, a visão anterior. Nesse contexto, o Ministério da Educação produziu o *Primeiro guia de leitura* destinado ao ensino da leitura e da escrita para adultos. Esse material orientava o ensino através do método silábico, no qual as sílabas deveriam ser memorizadas e remontadas na formação de outras palavras.

Só no final da década de 50 é que são formuladas críticas mais sistemáticas ao modelo subjacente à Campanha de Educação de Adultos. Essas críticas dirigiam-se tanto às suas deficiências administrativas e financeiras quanto à sua orientação pedagógica. Denunciava-se, nessas críticas, o caráter superficial do aprendizado que acontecia no curto período de alfabetização e a inadequação do método para a população adulta.

Uma nova visão do problema do analfabetismo se consolida ao longo dos anos 60. A expressão "Educação de Adultos"

---

[1] O termo remete à ideia de "suprir" o tempo perdido. Visava alfabetizar e capacitar profissionalmente.

[2] Esse trabalho foi a principal base para esboçar essa visão panorâmica da história da educação de jovens e adultos no Brasil.

é substituída por "Educação Popular"[3], tendo como foco as dimensões social e política contidas nas propostas desenvolvidas por determinados segmentos sociais[4] sob inspiração dos estudos de Paulo Freire. Esse educador vinha desenvolvendo, há algum tempo, importantes trabalhos na alfabetização de adultos no Nordeste do País. A pressão desses segmentos sociais e desse novo modo de entender a educação de adultos resultou na aprovação, junto ao governo federal, do Plano Nacional de Alfabetização, em janeiro de 1964, que procurava difundir, em âmbito nacional, programas de alfabetização orientados pela proposta de Paulo Freire.

Partindo de uma nova compreensão da relação entre problemática educacional e problemática social, começa a ganhar força uma nova concepção pedagógica, na qual o analfabetismo passa a ser entendido como sendo o efeito da situação de pobreza gerada por uma estrutura social desigual e não mais como causa. Assim, o processo educativo deveria sempre partir da realidade dos educandos, identificando sua origem, seus problemas e a possibilidade de superá-los, e interferindo, desse modo, na estrutura social que produzia o analfabetismo.

Com o golpe militar de 1964, os programas de alfabetização e educação popular que se multiplicaram no período entre 1961 e 1964 foram vistos como uma grave ameaça à ordem estabelecida. O governo, então, passou a assumir o controle dessa atividade em 1967, quando lançou o Mobral - Movimento Brasileiro de Alfabetização. Um dos seus objetivos centrais era formar mão de obra para empresas, estabelecendo relações entre a alfabetização e as necessidades econômicas do País. Os projetos de alfabetização,

---

[3] É interessante notar, ao longo da história, como vão se alterando as denominações utilizadas para a caracterização desse tipo de educação. Nos anos 80, por exemplo, tornou-se comum a expressão "Educação de Adultos Trabalhadores", que procurava destacar a dimensão de classe. Já nos anos 90, os programas que anteriormente eram destinados aos adultos passaram a incorporar o segmento jovem da sociedade; e para caracterizar essa modalidade, predominou então a expressão "Educação de Jovens e Adultos".

[4] Educadores do MEB, Movimento de Educação de Base (ligado à CNBB – Conferência Nacional dos Bispos do Brasil), dos Centros de Educação Popular organizados pela UNE (União Nacional dos Estudantes) e dos Movimentos de Cultura Populares (compostos por artistas e intelectuais) apoiados por administrações municipais.

nessa concepção, deveriam ter um caráter assistencialista e conservador. A responsabilidade no processo tendia a recair no aspecto individual. Em outros termos, o sucesso do programa não decorria de suas características organizacionais e metodológicas, mas das características do próprio aluno e de suas supostas deficiências.

Nesse percurso, por quase 20 anos, o Mobral se manteve no cenário nacional, propondo a alfabetização em função do desenvolvimento social, pressupondo que, para integrar o analfabeto à sociedade, eram necessárias, apenas, as habilidades de ler e de escrever. A seguir, o Mobral passou a representar uma organização autônoma em relação ao Ministério da Educação, contando com um volume significativo de recursos. Nessas condições, concentrou esforços na ampla campanha de alfabetização em 1969. A produção de materiais didáticos era centralizada, e a execução das atividades era de responsabilidade de Comissões Municipais instaladas. Propunha-se uma alfabetização a partir de palavras-chave, longe, porém, do sentido crítico e problematizador que as experiências do início dos anos 60 buscavam construir. Sua expansão se deu durante a década de 70 em âmbito nacional, com uma atuação bastante diversificada.

Cresciam em todo o País, simultaneamente às atividades do Mobral, ainda que de forma isolada, experiências alternativas em torno da alfabetização de adultos por iniciativa da organização popular. Eram grupos religiosos, de associações sindicais, de movimentos de moradores, entre outros, que tinham em comum nas suas propostas as orientações de Paulo Freire.

Essas experiências de alfabetização inicial de adultos mais o trabalho desenvolvido pelo Mobral foram os responsáveis pela alfabetização de um grande contingente de pessoas que passou a demandar do governo a criação de cursos que dessem continuidade ao processo educativo iniciado. Foram criados, em 1971, os Centros de Estudos Supletivos em resposta a essa necessidade.

Na década de 80, o início da abertura política no País e a emergência dos movimentos sociais impulsionaram ainda mais a continuidade e a ampliação dessas experiências e projetos. Alguns estados e municípios maiores desvincularam-se administrativamente do Mobral, organizando, juntamente com educadores, um programa específico para a educação de adultos. Nesse contexto, ao longo dos anos, o Mobral foi gradativamente perdendo sua expressão nos meios políticos e educacionais, o que levou à sua extinção em 1985. Em termos de uma legislação específica para a educação de adultos Soares (1987, p. 21) afirma que:

> depois da criação do Mobral, a resposta dada pelo governo no sentido de se estabelecer uma política de educação definida, incluindo-se, nela, a educação de adultos, foi a promulgação da Lei n°5692, de 11 de agosto de 1971. Pela primeira vez, uma lei federal dedicava um capítulo inteiro à questão da educação de adultos.

Ainda de acordo com Soares (1995, p. 297) "[...] a legislação, no regime de exceção, batizou a educação de adultos de ensino supletivo dando-lhe outra roupagem". Essa mudança "já ensejava a orientação que se queria imprimir, dando maior objetividade à educação de jovens e adultos". Esse ensino estava diretamente ligado ao uso da técnica e a materiais autoinstrucionais, objetivando fazer desse aluno o trabalhador desejado pelo mercado em expansão. A Fundação Educar foi criada no lugar do Mobral, com o objetivo de apoiar financeira e tecnicamente as iniciativas governamentais, entidades civis e empresas a ela conveniadas. Nos anos 90, verificou-se a existência de uma grande lacuna em termos de políticas para a educação de adultos com a extinção da Fundação Educar. A responsabilidade de oferecer programas na área passou a ser assumida, desde então, por alguns estados, municípios e algumas organizações da sociedade civil.[5] O que se constata no período compreendido entre a década de 40 até os anos 90 é a descontinuidade de programas e campanhas voltados para a educação de adultos.

---

[5] Sobre a história da educação de adultos no Brasil, ver: BEISIEGEL (1974), PAIVA (1983) e SOARES (1987, 1995).

Atualmente, as ações, muitas vezes desarticuladas e fragmentadas, surgem e são extintas num curto espaço de tempo que não chegam a alterar de modo significativo a realidade. Como exemplo de alcance nacional, depois da Fundação Educar, temos o Programa Nacional de Ação e Cidadania (Pnac) que não chegou a ser efetivado. Em 1996, é a vez do Programa de Ação Solidária (PAS), ligado à Comunidade Solidária, criado pelo governo. Temos, ainda, o Programa Nacional de Educação da Reforma Agrária (Pronera) do Ministério do Interior e o Plano Nacional de Formação Profissional (Planfor) do Ministério do Trabalho. Essa falta de articulação entre projetos e programas se reflete nas iniciativas dos estados e municípios. Neles, também, se verifica uma diversidade de programas e projetos com objetivos também distintos, que vão desde o atendimento às especificidades desse adulto até a concepção tradicional de cursos aligeirados para suprir o tempo perdido.

Face a essas constatações, são apresentadas questões relativas às condições de aprendizado que esses projetos tendem a possibilitar, o que priorizam e qual o perfil das pessoas que ingressam nesses projetos.

É importante ressaltar que programas anteriormente destinados a adultos passaram a incorporar o segmento jovem da sociedade; e para melhor caracterizar essa modalidade, tornou-se recorrente a expressão "Educação de Jovens e Adultos". Oliveira (2001, p. 15-16) descreve os sujeitos designados por essa expressão da seguinte maneira:

> O adulto, para a educação de jovens e adultos [...] é geralmente o migrante que chega às grandes metrópoles proveniente de áreas rurais empobrecidas, filho de trabalhadores rurais não qualificados e com baixo nível de instrução escolar (muito frequentemente analfabetos), ele próprio com uma passagem curta e não sistemática pela escola e trabalhando em ocupações urbanas não qualificadas, após experiência no trabalho rural na infância e na adolescência, que busca a escola tardiamente para alfabetizar-se ou cursar algumas séries do ensino supletivo. E o jovem, relativamente recentemente incorporado ao território da antiga educação de adultos [...] é também

um excluído da escola, porém geralmente incorporado aos cursos supletivos em fases mais adiantadas da escolaridade, com maiores chances, portanto, de concluir o ensino fundamental ou mesmo o ensino médio. É bem mais ligado ao mundo urbano, envolvido em atividades de trabalho e lazer mais relacionadas com a sociedade letrada, escolarizada e urbana.

Esse estudo entende por jovens e adultos aquele grupo composto por pessoas às quais não foram dadas as condições concretas de vivenciar os processos de escolarização, sendo sujeitos que nunca estudaram ou estudaram pouco. Como consequência, ficaram impedidos de interagir, de forma mais efetiva, em situações da vida cotidiana que envolvam conhecimentos mais elaborados, tornando-se excluídos[6] de processos mais amplos de participação social.

Ferraro (1999) mostra, por exemplo, que o analfabetismo no País é o resultado da ineficiência do sistema escolar. Esse sistema, segundo o autor, produz um grande contingente de pessoas que ficam excluídas até mesmo dos processos de alfabetização inicial. Essa exclusão, como ele próprio adverte, eleva mais e mais, a cada geração, o número de pessoas dependentes da educação de jovens e adultos. O problema, portanto, não é só de repetência, mas de acesso e permanência no sistema de ensino, podendo, ainda, indicar a quase inexistente articulação entre o que a escola se propõe a fazer e as especificidades do grupo de alunos que atende.

Um dos eixos centrais para os programas e campanhas tratados até o momento é a alfabetização. Ela será discutida a seguir.

Os desafios da alfabetização de jovens e adultos

A história da educação de jovens e adultos, no Brasil, se identifica, fundamentalmente, com a história da alfabetização de

---

[6] Esse termo faz referência à "maneira pela qual convivem uma pequena parcela da população que tem acesso à renda, consumo, serviços e bens culturais, e uma grande maioria que se encontra privada destes bens materiais e simbólicos" (In: *Revista Democracia*, IBASE, n. 105, ago./set. 1994, p. 19). A leitura e escrita é um desses bens.

jovens e adultos que foram excluídos da escola. Assim, educar jovens e adultos tem significado, basicamente, alfabetizar. Essa alfabetização, entretanto, constitui-se a partir de uma infinidade de experiências, na maioria das vezes traduzidas em campanhas e programas que se revelaram pouco adequados e com resultados extremamente limitados.

A forma crítica e problematizadora da realidade com a qual se organizavam as propostas de alfabetização na década de 60 tem sido a referência que ainda vem subsidiando muitas ações. Freire (1981), em seu texto destinado a coordenadores da alfabetização de adultos em áreas rurais do Chile, em 1968, já apontava que o aprendizado da leitura e da escrita vai além do simples domínio da técnica de codificação e decodificação:

> Na alfabetização de adultos, como na pós alfabetização, o domínio da linguagem oral e escrita constitui uma das dimensões do processo da expressividade. O aprendizado da leitura e da escrita, por isso mesmo, não terá significado real se se faz através da repetição puramente mecânica de sílabas. Este aprendizado só é válido quando, simultaneamente com o domínio do mecanismo da formação vocabular, o educando vai percebendo o profundo sentido da linguagem. Quando vai percebendo a solidariedade que há entre a linguagem-pensamento e realidade, cuja transformação, ao exigir novas formas de compreensão, coloca também a necessidade de novas formas de expressão. (p. 24)

Em relação às pesquisas e às ações desenvolvidas na área de educação de jovens e adultos, Magda Soares (1999, p. 9) afirma:

> Em nosso país, na área dos estudos, das pesquisas e também das ações, a preocupação predominante, quase exclusiva, na área da educação de jovens e adultos, tem sido o analfabetismo, entendido simplesmente como o não saber ler e escrever, o não possuir a "tecnologia" de registrar a fala em escrita, de decodificar a escrita em fala. Assim, a maioria dos estudos e pesquisas tem se voltado para a determinação e a análise de índices de analfabetismo no país, para a descrição das condições de vida de jovens e adultos

analfabetos; e as ações se voltavam (se voltam?) para campanhas e projetos, sempre esporádicos e apressados, de "combate ao analfabetismo" – campanhas e projetos para rapidamente ensinar a ler e a escrever

Os estudos em torno do aprendizado da língua escrita, na década de 80, contribuíram tanto para ampliar as discussões dos educadores sobre o ensino da leitura e da escrita quanto para modificar as práticas de alfabetização de adultos. Esses estudos indicam, entre outros elementos, que a aquisição do sistema de escrita se processa a partir das relações que os sujeitos estabelecem com o código em situações reais. Destaca-se aqui o trabalho de Ferreiro (1983), junto a adultos analfabetos, no qual revela que eles constroem uma série de informações sobre o sistema da escrita, levantando hipóteses sobre o seu funcionamento.

As ações alfabetizadoras de adultos que, até então, tendiam, de modo geral, a reproduzir um modelo presente nas cartilhas de alfabetização, no qual trabalhavam com frases e palavras isoladas, fora de um contexto real, impossibilitando, entre outras coisas, a produção de sentido pelo aluno, foram, gradativamente, cedendo espaço para uma ação alfabetizadora mais próxima das novas concepções de ensino – aprendizagem da língua escrita. Além desse desafio, outros aspectos importantes também estão colocados para a alfabetização de adultos hoje e podem ser sistematizados da seguinte forma:

- "incorporação de uma visão de alfabetização como processo que exige um certo grau de continuidade e sedimentação" (p. 28);
- "crescente preocupação com relação à iniciação matemática" (p. 29);
- "incorporação da cultura e da realidade vivencial dos educandos como conteúdo ou ponto de partida da prática educativa" (p. 29);
- "caráter crítico, problematizador e criativo que se pretende imprimir à educação de adultos" (p. 30);

- "na aprendizagem da leitura e da escrita reforçam-se os argumentos críticos às cartilhas de alfabetização que contêm palavras e frases isoladas, fora de contextos significativos que auxiliem sua compreensão" (p. 31);
- "as propostas pedagógicas para a alfabetização começam a incorporar a convicção de que não é necessário nem recomendável montar uma língua artificial para ensinar a ler e escrever, pois os alunos analfabetos podem escrever enunciados significativos baseados em seus conhecimentos da língua, mesmo que inicialmente não produzam uma escrita convencional" (p. 31);
- "surgimento de materiais didáticos com maior diversidade de textos e propostas de escrita" (Ação Educativa, 1997, p. 32).

Na busca de fazer uma alfabetização de adultos que leve, efetivamente, ao domínio da linguagem escrita e não só das tecnologias e buscando inserir, de modo mais completo, o jovem e o adulto no mundo da escrita, as experiências tomam consistências diferentes e vão construindo novos paradigmas.

O desafio colocado para a alfabetização seria propiciar uma inserção plena dos sujeitos no mundo da escrita; daí a necessidade das práticas de alfabetização enfatizarem seus usos e não apenas a decodificação. Constata-se, também, a ineficácia dos programas pontuais de curta duração (tão criticados) para esses alunos, pois se reconhece a importância de os processos de escolarização atenderem ao ritmo do educando.

A condição das pessoas de fazerem uso da escrita, condição essa que é construída tanto pela escola quanto por outras instâncias, recebeu, nos últimos anos, a denominação de *letramento*, que passamos a apresentar a seguir.

O campo do letramento

Vem se difundindo, no Brasil, a partir de meados da década de 80, o campo de estudos sobre o letramento. Esses estudos tendem a definir a noção de letramento como sendo:

o resultado da ação de ensinar ou de aprender a ler e escrever: o estado ou a condição que adquire um grupo social ou um indivíduo como consequência de ter-se apropriado da escrita. (SOARES, 1998, p. 18)

A hipótese, portanto, que sustenta essa noção é a de que o domínio e o uso da escrita trazem consequências para sociedades, grupos ou indivíduos. Essas consequências podem ocorrer na dimensão cognitiva, linguística, sociocultural, política e econômica[7].

Na dimensão cognitiva, a escrita e suas práticas seriam responsáveis pelo desenvolvimento diferenciado do pensamento; em outras palavras, ela afetaria os processos cognitivos dos sujeitos, possibilitando o pensamento abstrato, a racionalidade, o pensamento crítico, os tipos de processos lógicos exemplificados por silogismos etc.

Na dimensão linguística, a objetivação das palavras por meio da escrita teria possibilitado o surgimento de uma reflexão linguística, numa perspectiva social. A escrita, ao ser relacionada com uma variedade linguística, seria um dos fatores que construiria a legitimidade social dessa variedade e sua apreensão como língua oficial. Numa perspectiva individual, a aquisição da escrita permitiria o desenvolvimento da reflexão metalinguística e de uma fala orientada pelos padrões e convenções da escrita.

Na dimensão sociocultural, a escrita seria uma das principais responsáveis pelo surgimento da ciência, da história e do próprio pensamento ocidental. Ela seria, ainda, um dos principais fatores dos processos de inclusão e exclusão social e um dos elementos constitutivos de identidades socioculturais.

Já, na dimensão política, a introdução da escrita na Grécia Antiga teria sido um dos fatores responsáveis pela invenção da democracia e pela criação das instituições democráticas. A escrita

---

[7] Na apresentação dessas supostas consequências, apoio-me em BATISTA (2000). Ver, também, os estudos de STREET (1984), OLSON (1997), OLIVEIRA (1995).

teria possibilitado o desenvolvimento da administração pública e das sociedades burocratizadas e teria permitido, em muitos casos, o aumento do controle sobre os indivíduos e o exercício do poder. Nas palavras de Ribeiro (1999, p. 23), a democratização do sistema de escrita teria rompido com "o domínio oligárquico que caracterizou as primeiras sociedades que utilizaram sistemas escritos" e teria gerado "uma complexa escala de distinções sociais, segundo a qual as pessoas podem ler ou não podem".

Existem, segundo Street (1984), dois modos de compreender essa hipótese. Um primeiro modo é identificado como modelo autônomo de letramento. Esse modelo atribui essas consequências à escrita propriamente dita, daí o termo autônomo. Ela teria a força de, por si mesma, trazer essas consequências, modificar o estado das pessoas, dos grupos e das sociedades.

O segundo modo de compreender é aquele denominado por Street de modelo ideológico, segundo o qual a escrita, por si mesma, não tem essa capacidade de alterar a condição ou o estado dos indivíduos. Assim, o que torna a escrita capaz de fazer ou não essas alterações são os contextos sociais de aquisição e de uso dela. Desse modo, para esse modelo, o letramento é o resultado de uma construção. Ele não é dado e sim construído por diferentes fatores como as práticas sociais em que o indivíduo está inserido, os tipos de usos sociais da escrita que são propostos para o aprendizado, as negociações entre professor e aluno durante o processo.

Sendo assim, de acordo com esse modelo, deve-se falar não em letramento, mas em letramentos, porque, dadas as condições políticas, sociais, culturais, econômicas e pessoais diferenciadas de aquisição e de uso da língua escrita, o estado ou condição das pessoas também será diferente.

Esse estudo assume o modelo ideológico de letramento por entendê-lo como sendo o resultado não da escrita em si mesma, mas dos processos sociais e historicamente situados de aquisição e de uso da língua escrita.

Nesse sentido, as condições sociais e históricas de aquisição e de uso da escrita vão gerar diferentes tipos de letramentos ou diferenciados estados e condições letradas. Essas condições são institucionalmente construídas e referem-se, do ponto de vista dos alunos, às suas expectativas: o que buscam e o que acreditam ser capazes de conseguir; aos próprios conhecimentos prévios desses alunos: o que eles já sabem, que contatos têm com a leitura (se já sabem distinguir letras, se sabem o uso de algumas macrofunções e as diferenciam da língua oral etc.). Esses tipos, estados e/ou condições de letramento estão ligados também às suas práticas sociais mais gerais: ao tipo de ocupação que exercem, sua inserção social, suas histórias de vida (se viviam num meio mais urbano, mais rural etc.).

No que diz respeito ao professor, essas condições têm a ver com sua formação, com a percepção de si mesmo e de seu papel na escola, com sua interação em relação ao conhecimento, aos alunos, ao espaço da sala de aula etc. Dizem respeito, ainda, aos materiais didático-metodológicos preexistentes, à organização escolar, à carga horária, aos módulos, à duração etc.

Parto do pressuposto de que o letramento construído é o resultado de uma inter-relação de fatores. É o resultado de uma negociação entre professor e aluno, entre tipos de usos sociais da escrita propostos em sala de aula e entre práticas sociais nas quais o indivíduo está inserido. Assim, proponho estudar como se dá a construção do letramento numa turma de alfabetização de jovens e adultos, explorando as relações entre os saberes produzidos (o que se ensina) e as condições nas quais essa prática se realiza.

Pressupondo que o letramento é uma construção condicionada pelos contextos de uso e aquisição da escrita, o estudo busca acompanhar uma turma de alunos em processo inicial de alfabetização. Portanto, de acordo com o objeto de pesquisa definido, o objetivo geral deste estudo foi: descrever e analisar o tipo de letramento que é construído num contexto específico de um Projeto de Educação de Jovens e Adultos.

Mais especificamente, buscou-se neste estudo: descrever e analisar as relações entre professores e alunos em sala de aula e as condições que regulam essas relações; descrever e analisar como as relações entre professores e alunos e suas condições interagem na construção do(s) tipo(s) de letramento(s); levantar hipóteses sobre o tipo de letramento construído.

Considerando esses elementos, a concepção metodológica do trabalho em questão fundamenta-se numa abordagem qualitativa de tipo etnográfico. As técnicas adotadas na pesquisa envolveram: a observação participante, a entrevista semiestruturada, a análise documental e o recurso da gravação em áudio. A observação participante ocorreu durante todo o primeiro semestre do ano, sendo que, no segundo, o acompanhamento das aulas se deu em alguns dias da semana. Embora tenha sido realizada, em grande parte, dentro da sala de aula, procurou-se abranger também situações onde estivessem outros professores e outros grupos de alunos presentes, como assembleias gerais, atividades recreativas, momentos de chegada, intervalo e saída dos alunos, festas, trabalhos na biblioteca etc. As observações realizadas eram cuidadosamente descritas no diário de campo. Foram realizadas oito entrevistas ao final do primeiro semestre. Destas, seis foram com alunos e duas com professores que estavam à frente do processo de alfabetização. Essas entrevistas foram gravadas em áudio e transcritas de acordo com as técnicas de trabalho de campo. A análise dos documentos abrangeu todo tipo de material, desde aqueles relacionados à proposta do projeto até os ligados diretamente ao processo de alfabetização, sejam eles produzidos por professores, instituição ou alunos. Essa análise permeou todo o processo e reuniu todos os dados que foi possível coletar, buscando agrupá-los em função de suas especificidades e de seus pontos comuns.

Caracterização do campo de pesquisa: o projeto e os sujeitos envolvidos na alfabetização

Um projeto singular

Como procuramos mostrar anteriormente, as experiências na alfabetização de adultos, na maioria das vezes, revelam-se pouco adequadas e seus resultados, extremamente limitados. Uma questão se colocava: o fato de termos conhecimento de poucos projetos e programas, que se propusessem a desenvolver um trabalho diferenciado na alfabetização de adultos.

A escolha da instituição a ser pesquisada deveria atender a um critério fundamental: possuir uma proposta de alfabetização para jovens e adultos diferenciada, ou seja, entre outros aspectos, que não se resumisse ao ensino do código escrito, que considerasse a especificidade dos sujeitos envolvidos e tratasse o conteúdo de modo a não infantilizar. Nos propósitos dessa pesquisa, esse critério daria visibilidade ao que é ensinado no processo de alfabetização e, como consequência, à construção do letramento que este promove.

Nesse sentido, buscamos ampliar o contato com pessoas ligadas à área de educação de jovens e adultos e tomamos conhecimento de alguns projetos em funcionamento que, em princípio, possuíam propostas alternativas de alfabetização, atendendo ao nosso critério. Entre essas iniciativas, selecionamos um projeto, que passamos a descrever a seguir, cuja proposta vem atraindo outras pessoas que se preocupam com a educação desse segmento.

HISTÓRIA

No período de realização deste estudo, observamos a ausência de documentos sistematizados sobre a experiência do projeto. Apesar de ser uma experiência relativamente recente, com cinco anos, aproximadamente, de funcionamento, percebemos que a escrita de sua história é simultânea ao desenvolvimento de suas ações concretas.

Para caracterizar o projeto, nos apoiamos em quatro textos[8], produzidos para divulgar e orientar a proposta nele desenvolvida, que, embora apresentem muitas lacunas, tendem a descrever dois marcos principais bem definidos no processo. São eles: um primeiro momento dentro do período de constituição do projeto como proposta de educação para adultos trabalhadores e um segundo momento em que a demanda era a ampliação do projeto com mudanças no plano estrutural, pedagógico, entre outras, decorrentes dessa ampliação. Buscamos esclarecer as informações contidas nesses textos através da análise de outros documentos, como atas de reuniões de professores, programação semanal, dados contidos nas fichas de matrícula inicial dos alunos, além de entrevistas informais com seus professores. Os documentos analisados foram cedidos pelos próprios professores.

A entidade promotora do Projeto está situada num bairro operário[9] localizado na região do Barreiro em Belo Horizonte. Sua história está intimamente relacionada com o movimento organizado dos trabalhadores de indústrias siderúrgicas da região nas décadas de 60 e 70. Em linhas gerais, esse movimento reivindicava, entre outras coisas, melhores condições de vida e trabalho. Uma necessidade que esse contexto demandava era a

---

[8] O texto básico é o de 1996; os outros três de 1999 são diferentes reformulações do primeiro com a finalidade, segundo os professores, de divulgar, em outros espaços, o trabalho realizado no projeto.

[9] De acordo com os dados fornecidos pela Gerência de Informações Técnicas da Prefeitura Municipal de Belo Horizonte, a população do Barreiro era de aproximadamente 237.046 habitantes. A população da cidade de Belo Horizonte, segundo o censo do Instituto Brasileiro de Geografia e Estatística (IBGE), em 1991, era de aproximadamente 2.020.161 habitantes.

criação de um espaço físico, no qual os trabalhadores pudessem discutir suas reivindicações específicas organizando suas lutas. Nesse sentido, a Central Única dos Trabalhadores (CUT), em parceria com a organização de trabalhadores de outros países materializa essa necessidade[10]. Foi construído no bairro um espaço que pudesse ser referência para todos os operários da região com o objetivo de discutir coletivamente as relações de trabalho, as lutas, as negociações coletivas, entre outras ações.

Nesse espaço, várias ações foram sendo desenvolvidas no sentido de aproximar as relações entre os direitos dos trabalhadores, seu principal objetivo, e o direito à educação. Em 1991, a preocupação em torno do direito à educação começa, então, a se transformar numa proposta educativa para os trabalhadores. O projeto, resultado dessa proposta, representa a tentativa de unir os conhecimentos que o trabalhador adquire na vida e no trabalho com os conhecimentos escolares. Não foi possível obtermos cópia da versão inicial da proposta do projeto, mas, como já foi dito, através da coleta de dados, fomos captando sua história. Os textos analisados apontam que ele, inicialmente, se propunha a:

> [...] elaborar uma proposta político-pedagógica de educação de adultos ao mesmo tempo em que sensibilizar dirigentes sindicais para as demandas relacionadas ao direito dos trabalhadores à educação e um intercâmbio das ações sindicais existentes.

No período de 1991 ao início do ano de 1995, setores da CUT estiveram mobilizados em torno da elaboração de uma proposta político-pedagógica para a educação de adultos. Aspectos como estrutura, organização, periodicidade, conteúdo a ser oferecido, profissionais, e até a parceria com outras instituições foram discutidos e analisados visando efetivar o projeto.

---

[10] Segundo um dos coordenadores de Formação, a CUT possui, no País, mais sete entidades iguais a esta, o que reflete, segundo ele, uma preocupação da Central com a educação de trabalhadores.

Em 1995, a entidade firma um convênio com a Prefeitura de Belo Horizonte[11] possibilitando a implantação de seu projeto no mês de agosto, quando deixa de ser uma proposta no papel e se torna uma ação concreta, na qual prefeitura e entidade passam a dividir responsabilidades. A prefeitura, através da Secretaria Municipal de Educação (SMED), se compromete a fornecer a equipe de professores, a merenda escolar, materiais didáticos e, ainda, contribuir com a divulgação do projeto publicando, entre outras coisas, artigos escritos pela equipe de professores. Cabe à entidade coordenar e assessorar o projeto, além de disponibilizar sua infraestrutura (dependências físicas, equipamentos e funcionários) para o desenvolvimento das atividades do projeto.

De 1995 até 1997, o projeto oferecia as quatro séries iniciais. Nesse período, o trabalho pedagógico estava voltado especificamente para a alfabetização de adultos. Em 1998, ele é ampliado e passa a oferecer todas as séries do ensino fundamental (primeira à oitava) em um único ciclo com duração de um ano, como veremos a seguir. O quadro docente foi ampliado. Através de concursos, 11 novos professores foram incorporados ao projeto. Essa ampliação do atendimento, na visão dos professores, parece ter sido impulsionada fundamentalmente pela demanda da comunidade por mais escolarização e pelos próprios alunos que, ao concluírem a quarta série no projeto, desejavam continuar os estudos.

Em 1999, o projeto que, antes de ser ampliado funcionava no espaço da entidade com um número menor de alunos, foi transferido para outro espaço. Trata-se de uma escola recém-inaugurada, da rede da prefeitura, situada num bairro próximo à entidade. Essa escola oferece o ensino regular durante o dia e, à noite, desenvolve o projeto, atendendo um número maior de alunos.

O vínculo que essa escola estabelece com o projeto é no sentido de incorporá-lo à sua estrutura, ou seja, ele passa a funcionar no terceiro turno da escola. Além de ceder o espaço físico, a escola disponibiliza também parte dos recursos didáticos (biblioteca,

---

[11] Esse convênio aguarda renovação (não foi possível precisar desde que data).

audiovisual, mimeógrafo, computador etc.), a merenda escolar e também desenvolve o trabalho de secretaria do projeto (recebe documentos dos alunos, contribuindo na organização administrativa do projeto). Este também participa da vida da escola em diversos momentos, como, por exemplo, na eleição para a direção e nas festas promovidas pela escola. É importante ressaltar que essa alteração no espaço de funcionamento não distanciou o projeto do espaço da entidade gestora, pois, ali, se garante a realização de algumas atividades com a presença dos alunos, além de ser o local da reunião semanal dos professores, às sextas-feiras.

Depois de mostrar os principais momentos da história da construção desse projeto, focalizaremos, a seguir, sua organização.

ORGANIZAÇÃO

A organização do trabalho pedagógico desenvolvido pelo projeto lhe confere um caráter marcadamente singular em relação aos demais programas e projetos de que se tem conhecimento. Essa forma de organização vem despertando o interesse de pessoas envolvidas com a educação de jovens e adultos, suscitando, nessa área, estudos sistemáticos de instituições, como, por exemplo, prefeituras, associações de moradores, entre outras. Os textos analisados apresentam os seguintes objetivos do projeto:

- Desenvolver um programa de educação fundamental, da primeira à oitava séries, para jovens e adultos trabalhadores da Região Industrial de Belo Horizonte, de tal forma a fornecer subsídios para a elaboração de uma proposta político-pedagógica de formação/qualificação de alunos trabalhadores.

- Constituir e formar uma equipe de professores para o trabalho com educação de adultos que atue também na socialização desta experiência.

- Sensibilizar a Rede Municipal de ensino para questões referentes às especificidades de uma proposta político--pedagógica de ensino fundamental de qualidade voltada para jovens e adultos trabalhadores.

- Promover o intercâmbio entre a Rede Municipal de Educação e as universidades italiana e brasileira, tendo como eixo as seguintes questões:
  ⇒ Direito dos trabalhadores à educação de qualidade;
  ⇒ Os sistemas educacionais brasileiro e italiano;
  ⇒ Experiências de educação de adultos no Brasil e na Itália[12].

A proposta pedagógica parece ter, como eixo norteador, a articulação da formação dos trabalhadores nas diferentes questões relativas ao mundo do trabalho com o desenvolvimento de atividades em diferentes áreas do conhecimento. A categoria trabalho é assumida pelo projeto como princípio educativo e constituinte do ser humano.

O projeto atualmente se realiza através da oferta do ensino fundamental, com duração de um ano. Esse período é flexível, pois o processo de avaliação, que será tratado neste item, permite ao aluno permanecer mais tempo no projeto. Este funciona no período noturno da escola, ocupando praticamente todas as dependências para a realização de suas atividades, que acontecem com o envolvimento dos alunos de segunda a quinta-feira. As reuniões dos professores ocorrem todas as sextas-feiras no espaço da entidade.

Como já se indicou, os professores são da Secretaria Municipal de Educação, com graduação em diversos cursos de Ciências Humanas, alguns com o nível de mestrando. Os alunos do projeto são jovens, a partir de 18 anos e adultos trabalhadores da região, havendo predominância do segmento jovem. Segundo os documentos analisados, esses alunos possuem profissões, na sua maioria, ligadas aos setores de prestação de serviços: cozinheiras, seguranças, cabeleireiros, pintores, pedreiros, faxineiras, carpinteiros, mecânicos, eletricistas, costureiras, motoristas, entre outras. Observamos que, embora apresentem diferentes experiências de

---

[12] Foi a partir da instalação da Fiat Automóveis, próximo à região, no início dos anos 70, que surgiram os primeiros contatos dos trabalhadores dos dois países. Impulsionada principalmente pelas condições de trabalho, a Central Sindical Italiana participou política e financeiramente da organização dos trabalhadores no Brasil.

vida e trabalho, a descontinuidade no processo de escolarização por diversas razões e as motivações para o retorno aos estudos são elementos comuns na trajetória desses alunos. Entre eles, há desde aqueles que nunca frequentaram a escola regular até os que se encontravam no último ano do ensino fundamental antes de deixar os estudos.

Atualmente são oferecidas aproximadamente 200 vagas para alunos novatos. O registro de alunos novatos e veteranos, no percurso da coleta de dados, girou em torno de 450. O único prerrequisito exigido dos interessados é ter idade a partir de 18 anos. Mas, com a grande procura de vagas por alunos vindos do regime seriado, em sua maioria jovens que cursaram até a quinta, sexta ou sétima séries do ensino fundamental, e que por vários motivos não conseguiram concluir esse segmento, o projeto se preocupa em limitar as vagas para esse perfil de aluno, a fim de garantir a entrada daqueles que buscam a alfabetização. Esses alunos que pararam ou nem iniciaram o primeiro segmento do ensino fundamental encontram vagas no projeto em qualquer época do ano.

Percebemos que essas medidas, em relação à oferta de vagas, buscavam resguardar o atendimento a uma demanda mais adulta, público de origem do programa, que, em linhas gerais, é totalmente marginalizado em relação à escolarização formal. Outro aspecto importante dessas medidas é a preocupação em não reduzir o projeto a uma simples proposta de correção de fluxo, pois os alunos mais jovens que, geralmente, possuem uma escolarização mais avançada veem nele apenas a oportunidade de completar o segundo segmento em um ano.

Os alunos que entram no projeto são distribuídos pelas turmas de diferentes modos. A organização das turmas não é fixa nem para os alunos nem para os professores. O projeto entende que todos os alunos fazem parte de uma única turma que se desdobra em subgrupos menores de acordo com a natureza do processo a ser realizado. Esses subgrupos recebem o nome de agrupamentos e são formados a partir de critérios como idade, gênero, trabalho, interesse, afinidade pessoal, habilidades cognitivas e artístico-culturais, tempo fora da escola, entre outros. O objetivo do projeto com essa distribuição dos alunos por agrupamentos é o de proporcionar maior interação entre eles e deles com o processo de aprendizagem em diferentes momentos do curso.

O conteúdo no projeto não é organizado por disciplinas. Ele se estrutura a partir de temas ou assuntos, como alguns professores preferem denominar. Eles podem surgir tanto do interesse ou necessidade dos alunos quanto podem ser propostos pelos professores. Assim, os temas ou assuntos são trabalhados com os alunos nos agrupamentos simultaneamente. Os professores se organizam em duplas ou em trios e assumem as atividades de um agrupamento. Eles buscam em suas áreas específicas de conhecimento, nas discussões com outros colegas, além de outras fontes, elementos que podem subsidiar o tema ou assunto que está sendo desenvolvido. A observação e o registro feito pelos professores durante as atividades do agrupamento é que vão determinar a duração ou o desdobramento daquele tema ou assunto.

A avaliação acontece durante todo o processo, mas há momentos específicos, como no fim dos agrupamentos, ao final dos semestres e quando são programados pelos professores os Seminários de Avaliação. Na maioria das vezes, a avaliação acontece oralmente e os alunos são levados pelos professores para falar sobre o que acharam da atividade desenvolvida. Quando a avaliação acontece por escrito, as questões são elaboradas previamente pelos professores para serem respondidas pelos alunos.

Não há uma apuração sistemática da frequência. Esta é definida de acordo com as possibilidades e necessidades dos próprios alunos. Poucas vezes percebemos o uso de listas com o nome dos alunos. Em alguns momentos, elas se fizeram necessárias para quantificar o número de alunos em um determinado agrupamento ou como critério para dividir os agrupamentos.

No período de coleta de dados, a organização do trabalho pedagógico construído pelo grupo de professores e alunos é apresentada no quadro a seguir:

QUADRO 1
Processo de composição dos agrupamentos

Mês (Referência)	Nome do Agrupamento	Critérios para a Constituição dos Agrupamentos
Fevereiro	Elementos de Identidade	Os alunos escolheram as salas aleatoriamente. Os professores observaram o máximo de 30 alunos por sala e a média de gênero.
Fevereiro	Categorias: • Gênero • Raça • Situação Afetiva • Origem(Capital/interior/outros estados/exterior) • Ocupação • Emprego/Desemprego • Faixa Etária (De cinco em cinco anos)	Agrupamento por interesse; cada sala trabalha com uma categoria. Os alunos escolhem aquela com a qual se identificam.
Março	Jornal (Leitura/Escrita)	Prevalecem os mesmos agrupamentos do mês anterior.
Abril	Período de greve dos professores da Prefeitura Municipal de Belo Horizonte	—
Maio	Matemática	Listas com os nomes dos alunos são fixadas nas salas (os alunos da alfabetização são distribuídos nessas turmas).
Junho/Julho	• Jornal (Leitura/Escrita) • Matemática	Permanecem os mesmos grupos.
Agosto	Origem (Continuidade da pesquisa – leitura/escrita)	São formados seis agrupamentos no total. Cada aluno recebe um número (de 1 a 5) e se dirige para o respectivo grupo. O número 6 é destinado ao agrupamento de alfabetização.
Agosto	Poesia	Este agrupamento conta com os mesmos alunos do subgrupo origem; só modificam os professores.
Agosto	Matemática	Mantém-se o mesmo critério do primeiro semestre. Prevalecem as mesmas turmas tanto de professores quanto de alunos.
Setembro	Origem e Matemática	Prevalecem as mesmas turmas tanto de professores quanto de alunos.
Outubro	Memória	O critério para a composição desse agrupamento foi a data de nascimento dos alunos.
Dezembro	Agrupamento de avaliação e certificação	São formados quatro grandes agrupamentos. Os alunos escolheram as salas.

Como se pode verificar no quadro acima, na coluna *Critérios para a constituição dos agrupamentos*, apenas no início do ano a organização dos grupos se deu em função dos interesses dos alunos. Em contrapartida, a escolha dos temas dos grupos se fez predominantemente em função dos interesses dos professores. Percebemos a ausência de um planejamento, de uma sistematização mais geral do trabalho.

Isso atribui à organização do trabalho pedagógico uma grande desarticulação, principalmente em relação a uma certa sequência de conhecimentos que se pretende abordar.

Percebemos que essa forma de organização é, fundamentalmente, coletiva, pois nenhum professor toma decisões que possam vir a modificar o que é proposto coletivamente, sem antes discutir em reunião com os demais membros da equipe. Observamos, entretanto, que essa organização coletiva do trabalho que se realiza a partir de reuniões tem um duplo caráter: formativo, na realização de leituras e discussões de temas mais amplos, e de planejamento coletivo das ações a serem desenvolvidas nos agrupamentos durante a semana seguinte. Assim, torna-se imprescindível a presença de todos os membros da equipe de professores nesses encontros semanais.

A divulgação do projeto é feita com maior intensidade no início do ano, principalmente através de alunos e ex-alunos, por meio de cartazes na escola e em outros espaços. A procura inicialmente é muito grande e sempre supera o número de vagas que está sendo disponibilizado. Os professores atendem individualmente os alunos no momento da matrícula, quando é preenchida uma ficha que contém, basicamente, dados sociodemográficos e questões relativas ao processo de escolarização e trabalho.

Atuam no projeto 21 professores. Todos cumprem a mesma jornada de trabalho institucionalizada na Rede Municipal de Belo Horizonte, ou seja, 22 horas e 30 minutos semanais e com a mesma remuneração. Esse tempo é gasto com atividades na escola, como: o planejamento coletivo das ações, as aulas semanais, a organização de materiais didáticos, a avaliação do processo, o acompanhamento sistemático à matrícula dos alunos, a preparação do edital para seleção de professores, a realização de entrevistas de seleção, a certificação dos alunos. Há também as atividades fora da escola, tais como: divulgação da experiência em diferentes espaços, organização de publicações, entre outras atividades de acordo com as necessidades definidas pela equipe.

O projeto é coordenado por um formador da entidade, em conjunto com o coletivo de professores. Há ainda a formação de comissões compostas de alguns professores. Essas comissões são constituídas de acordo com a necessidade colocada pelo contexto: no primeiro semestre da coleta de dados, por exemplo, havia três comissões – uma discutindo as questões de matemática, outra organizando a matrícula dos alunos e uma terceira se ocupando da documentação do projeto. Foi formada posteriormente uma comissão para tratar do processo de seleção de professores. Realizam-se também assembleias com os alunos, as quais tratam de diversos assuntos que abrangem desde a estrutura e funcionamento do projeto até seu direcionamento.

O processo de seleção dos novos professores que ingressaram no projeto, segundo a comissão responsável, envolveu, num primeiro momento, a análise de um texto em que o candidato apresenta o relato de sua experiência e, num segundo momento, uma entrevista. Para a entrevista, foi composta uma banca com dois representantes do Projeto, um representante dos alunos, um representante da direção da escola municipal. Geralmente há a participação de representantes da Secretaria Municipal de Educação (SMED) e suas instâncias internas, como o Centro de Aperfeiçoamento dos Profissionais da Educação (CAPE) e o CPP (Coordenação de Política Pedagógica). Mas, para essa seleção, essas instâncias, apesar de terem sido convidadas, não estiveram presentes. Basicamente são dois os aspectos fundamentais para a seleção do candidato: o primeiro é que ele tenha disposição para o trabalho coletivo, e o segundo refere-se às suas motivações, ou seja, o que o trouxe para o projeto.

Apresentadas as características gerais do projeto, sua estrutura e funcionamento, passamos, a seguir, a apresentar o dia a dia, buscando perceber o seu desenvolvimento na prática.

Dia a dia

Acompanhar o dia a dia do projeto nos possibilitou observar diferentes aspectos de seu funcionamento, permitindo apreender, através dos instrumentos de coleta de dados, as relações que se estabelecem entre alunos e professores no contexto que vivenciam.

Como já se indicou, o espaço ocupado pelo projeto não é exclusivo para o seu funcionamento por ser dividido com uma escola regular, nos dois turnos no período diurno. A escola dispõe de uma cantina com o refeitório, que serve o jantar logo na chegada dos alunos, permanecendo aberta até às 20h; uma quadra coberta que, muitas vezes, está agendada para jogos de futebol de salão organizados pelos alunos; uma sala, ao lado da diretoria da escola, para a venda de salgados, balas, doces etc., funcionando no intervalo da aula, que acontece geralmente no período entre 20h50 às 21h15. Os docentes ocupam a sala de professores da escola, e todos possuem armários individuais com chaves, que ficam em um canto da sala, sendo que um outro conjunto de armários serve também de divisória para as atividades de mecanografia. Há um quadro de avisos feito de azulejos, utilizado pelo primeiro e segundo turno da escola, três mesas redondas, e uma mesa retangular comprida na qual é servido o jantar para os professores. Antes do início das aulas, os professores se encontram nessa sala onde jantam, tomam café, preparam atividades, leem, conversam, repassam os procedimentos e as orientações gerais tiradas para a semana ou para o dia, entre outros assuntos. Os alunos procuram esse espaço quando querem cumprimentar ou mesmo conversar com algum professor especificamente. A Secretaria do projeto é vinculada à Secretaria Geral da escola e funciona em uma sala que fica localizada perto do portão principal da escola, onde se encontram todos os registros da vida dos alunos, armários com documentos, computadores, dentre outros materiais. Duas funcionárias da escola trabalham nessa sala, onde também atendem a comunidade. Os alunos se dirigem a essa sala quando precisam pedir informações, solicitar documentos e materiais, entre outras coisas. Ao lado da Secretaria funciona uma outra sala com computadores, onde os alunos entram acompanhados dos professores.

Os alunos têm acesso à biblioteca da escola a qualquer momento, pois ela permanece aberta até o encerramento das aulas, às 22h. O Centro de Referência de Arte (CRAT) é uma sala ampla com carpete azul, quadros nas paredes e é muito utilizada pelos professores, principalmente para as atividades que envolvem relaxamento e dinâmicas. Outro espaço importante é o auditório da escola, onde, geralmente, ocorrem as assembleias envolvendo professores e alunos. Há um quadro de avisos no corredor principal da escola, no qual, geralmente, é afixado um cartaz informando aos alunos o Roteiro Semanal de Trabalho. O quadro abaixo é uma reprodução de roteiro de trabalho de uma semana no segundo semestre da pesquisa:

QUADRO 2
Roteiro Semanal de Aula

2ª Feira	3ª Feira	4ª Feira	5ª Feira
Memória	Memória	Origem	Matemática
Intervalo	Intervalo	Intervalo	Intervalo
Matemática	Origem	Memória	Origem

Esse roteiro indica a disposição dos agrupamentos quanto aos horários, no decorrer de toda a semana, e é preparado, discutido e reformulado semanalmente nas reuniões de sexta-feira. Geralmente, os alunos têm dois momentos de aula: um primeiro agrupamento das 19h30 às 20h50 h e um segundo das 21h15 às 22h00 h. Essa organização do tempo do aluno depende do andamento das atividades propostas para o agrupamento, podendo haver dias em que há apenas um único agrupamento nos dois momentos.

Para a realização das aulas, são ocupadas as salas do primeiro andar, de acordo com o número de agrupamentos formados. A natureza do trabalho pedagógico a ser desenvolvido no agrupamento é que define o espaço da aula, podendo ocorrer na biblioteca, na sala de computação, na quadra coberta, no CRAT, no auditório, entre outros espaços.

No início das aulas, o movimento na cantina é grande: os alunos chegam e se dirigem para o refeitório, onde jantam conversam com os colegas assuntos variados. Percebíamos sempre um clima de descontração nesses instantes. No intervalo dos dois momentos de aula, os alunos aproveitavam o tempo para fumar, namorar, conversar, trocar de sala (no caso de haver dois agrupamentos no mesmo dia), comprar salgados e, para alguns mais jovens, jogar bola na quadra coberta. Um tema bastante recorrente nas conversas entre os alunos era o fato de existirem, em todas as turmas, aqueles com diferentes níveis de escolaridade. Observamos que muitos não pareciam ter clareza a respeito da proposta do projeto. No término da aula, era comum alunos esperarem seus colegas no pátio interno da escola ou nos portões para fazerem o trajeto de volta para a casa.

São comuns os momentos coletivos que reúnem todos os alunos do projeto. O ano letivo iniciou-se com o trabalho denominado "Elementos de Identidade", no qual se privilegiou a discussão de sete categorias constitutivas da identidade dos sujeitos: gênero, raça, situação afetiva, origem (capital/interior/outros estados/exterior), ocupação, emprego/desemprego e faixa etária (de cinco em cinco anos). Esse trabalho permitiu aos professores, entre outras coisas, conhecerem os alunos novatos do projeto. Este era um agrupamento geral para todos os alunos no qual todos os professores trabalhavam as mesmas atividades. Meu critério para a escolha da sala foi buscar aquela em que se concentravam mais alunos em fase inicial de alfabetização, visto que, para eles, no início do ano letivo, não havia ainda um trabalho diversificado.

Do ponto de vista desses alunos, percebi que os critérios que justificavam a sua escolha das salas eram os professores ou colegas de vizinhança. Os alunos veteranos em fase inicial de alfabetização escolheram a sala onde estava a professora que havia trabalhado com a alfabetização no ano anterior. A aula inaugural representou a sistematização da proposta do projeto para os alunos e ocorreu no espaço da entidade. Estava previsto, para essa aula, um passeio pelas dependências internas da escola, uma apresentação de um cantor, uma performance de alunos veteranos do projeto e as falas de um representante da SMED, da Entidade, da Escola municipal e de um ex-aluno do projeto. Uma professora do projeto apresentou os objetivos daquele encontro, explicando que se tratava de conhecer um pouco sobre a trajetória histórica do projeto, esclarecer dúvidas; segundo ela, muitos questionamentos seriam resolvidos no decorrer da própria prática. Os alunos fizeram perguntas referentes ao conteúdo, horário, avaliação e reprovação no projeto, entre outras. Foi possível perceber, nesses primeiros momentos do curso, que os alunos novatos estavam apreensivos, preocupados com a organização do curso ali exposta, com o processo de ensino-aprendizagem sem as tradicionais disciplinas, com a avaliação, e com uma dúvida central: sairiam do projeto aptos para dar continuidade aos estudos?

Outro momento coletivo frequente nas práticas desse projeto é o Seminário de Avaliação dos agrupamentos. Envolve todos os professores e alunos e, geralmente, acontece nos finais de semestres. Seu objetivo é promover, junto com os alunos, um balanço das atividades realizadas, o que foi bem-sucedido, o que não foi e por quê. Há uma comissão de professores que fica responsável por pensar o desenvolvimento dos seminários, propondo a sua dinâmica. Essa comissão também pode contar com a participação de alunos.

Pudemos observar que a prática do projeto reflete uma dinâmica de organização sindical na condução das ações pedagógicas. É comum a organização de assembleias envolvendo professores e alunos para a discussão de assuntos de interesse geral, como participação em festas na escola, eventos fora dela, comissões para avaliação e certificação no projeto, entre outras atividades. A discussão em torno da questão de reposição da greve, por exemplo, ilustra bem essa prática. Os professores chamaram os alunos para participar de uma assembleia, na qual se buscou o consenso do grupo na elaboração coletiva de um calendário de reposição, e, através do voto, foram definidas orientações para os meses seguintes.

Esse é, portanto, o contexto geral no qual os alunos constroem suas relações, a estrutura na qual se processa a alfabetização e que fornece elementos para apreender a construção do letramento. Analisaremos a seguir a proposta de alfabetização do projeto descrevendo sua organização e funcionamento, foco de nossa coleta de dados.

AGRUPAMENTO DE ALFABETIZAÇÃO

História

Para compreender a prática que é desenvolvida nesse agrupamento, entendemos ser necessário apreender a proposta de alfabetização que a sustenta. Nesse sentido, buscamos particularmente nos textos, já mencionados anteriormente, elementos para essa compreensão. É importante salientar que, durante as conversas informais com os professores, no trabalho de campo, todos apontavam a necessidade do grupo, priorizar a discussão sobre a alfabetização no projeto, atualizando concepções, revisando o processo que vem sendo desenvolvido e indicando caminhos para as questões demandadas pela prática.

No período compreendido entre meados de 1995 até 1997, como já foi dito, o projeto oferecia as quatro séries iniciais do ensino fundamental. Esse período é o primeiro marco importante do projeto, pois sua história estava sendo construída na vivência e na prática. O processo de alfabetização, nesse momento, não se caracterizava como um agrupamento temático específico. Ele era o foco central da ação pedagógica desenvolvida no projeto.

As primeiras turmas de alunos que o projeto recebeu apresentavam aspectos semelhantes principalmente em relação à faixa etária e à escolarização. Havia uma predominância de pessoas adultas e também pessoas mais velhas, acima de 50 anos. Em relação à escolarização, essas pessoas tiveram em média um a dois anos de passagem pela escola, vivenciaram um processo de escolarização descontínuo e, em muitos casos, nunca chegaram a frequentar a escola.

A concepção de alfabetização do projeto parece privilegiar a construção de habilidades de interação pela escrita e de uso da língua escrita. Nessa perspectiva, o grupo de professores organizou quatro eixos importantes que, segundo eles, deveriam servir de base para estruturação do processo de alfabetização. São esses os eixos: o texto como toda forma de expressão; a linguagem oral como centro do desenvolvimento da expressão e como suporte para a aprendizagem da escrita; a não diferenciação dos recursos e técnicas dos conteúdos; e o trabalho centrado no uso das diferentes linguagens (a fotografia, a TV, o desenho, a escrita, a literatura, a música, a informática). Seria possível construir, desse modo, um trabalho de alfabetização que favorecesse, de fato, o aprofundamento dos conhecimentos da língua escrita na busca de formar um aluno leitor/escritor. Mas, por outro lado, o grupo de professores apontava que o principal desafio parecia estar em "capacitar esse aluno para manifestar-se, expressar-se; possibilitar que o mundo da escrita passe a fazer parte de sua vida de adulto e que ele passe a fazer parte do mundo da escrita; transformar o mundo passado e presente do adulto em objetos de leitura".

Em 1998, com a ampliação do projeto, o processo de alfabetização deixa de ser o foco central das ações pedagógicas e assume novas características. Esse processo passa a se configurar como um agrupamento temático específico, assim como os demais agrupamentos, podendo ou não ser formado dependendo da demanda.

Organização

A organização do trabalho pedagógico proposto para a alfabetização foi marcada por dois momentos. O primeiro corresponde ao período de 1995 a 1997, em que só havia o trabalho de alfabetização que tinha como preocupação central os processos referentes à aquisição da leitura e da escrita. Os alunos eram organizados por agrupamentos temáticos; não havia o agrupamento de alfabetização especificamente, pois todas as ações buscavam convergir para a interação dos alunos com a linguagem escrita das mais variadas formas.

Com a ampliação do projeto, que passa a oferecer o ensino fundamental em um ciclo único, foi necessário criar um agrupamento específico que pudesse dar continuidade na proposta inicial do projeto, atendendo alunos que buscavam se alfabetizar. Assim, o Agrupamento de Alfabetização é um subgrupo específico que tem por objetivo trabalhar os processos referentes à aquisição da leitura e da escrita. Ele é formado especificamente por alunos que se matriculam no projeto com o objetivo comum de ler e escrever. Como mostraremos no decorrer deste capítulo, o critério para a formação desse agrupamento é, basicamente, os alunos se encontrarem em processo inicial de aquisição da leitura e da escrita.

Na organização semanal das aulas, o grupo de professores prevê os momentos de encontro desse agrupamento. Verifica-se que não há uma preocupação por parte deles em relação ao estabelecimento de um número fixo de encontros semanais, podendo ocorrer vários encontros na semana como também nenhum encontro. Segundo os professores, são vários os fatores que interferem nessas decisões, entre eles o ritmo da turma e o envolvimento dos alunos com outras temáticas.

Em função dessa organização, esses alunos participam de outros agrupamentos, com outros alunos já alfabetizados, quando não estão reunidos no agrupamento de alfabetização. Na reflexão dos professores, mesmo sem o domínio do código escrito, esses alunos são capazes de estabelecer relações, analisar situações, compreender fatos e, portanto, participar de outras situações de ensino-aprendizagem com alunos já alfabetizados.

Segundo os textos analisados, os alunos que se encontram em processo de alfabetização inicial possuem, geralmente, conhecimento das operações matemáticas, embora não escrevam em linguagem matemática. Há aqueles que dominam a técnica de leitura e escrita, mas não se apropriam dos registros escritos, não compreendem o que leem.

No agrupamento de alfabetização, de acordo as orientações do projeto, os alunos deveriam ter contato com textos escritos e visuais dos mais variados aspectos e graus de complexidade. Esse projeto entende que as etapas de aprendizagem da leitura e a convivência com diferentes tipos de textos são processos que podem ser concomitantes.

O agrupamento de alfabetização trabalhou com os temas: Leitura/Escrita, Poesia, Origem e Memória, durante o período da pesquisa. No primeiro semestre foi enfatizado o trabalho de Leitura/Escrita. O conteúdo das aulas durante o ano abordou principalmente: reconhecimento das letras do alfabeto; diferentes tipos de letras; identificação das letras em diferentes portadores de textos, função social da escrita (a partir do trabalho com jornal: *Estado de Minas*, *Folha de S. Paulo*, *O Tempo*, *Diário da Tarde*); trabalho com o nome dos alunos (envolvendo: identificação da letra inicial e final do nome dos alunos, quantidade de letras no nome dos alunos, escrita do nome com tipos de letras diferentes, atividade de caça-palavras com o nome dos alunos etc.); origem da escrita (tema que surgiu da curiosidade dos alunos que queriam saber quem inventou as primeiras letras).

O desenvolvimento interno do agrupamento de alfabetização em relação ao conteúdo trabalhado é apresentado no quadro abaixo:

QUADRO 3

Sequência de atividades no agrupamento de alfabetização

Mês (Referência)	Agrupamento	Atividades
Março	Leitura/Escrita	• reconhecimento das letras do alfabeto;
Abril	Período de greve	• diferentes tipos de letras; identificação das letras em diferentes portadores de textos;
Maio	Leitura/Escrita	• função social da escrita (a partir do trabalho com jornal: *Estado de Minas, Folha de São Paulo, O Tempo, Diário da Tarde*);
Junho/Julho	Leitura/Escrita	• trabalho com o nome dos alunos (envolvendo: identificação da letra inicial e final dos nomes dos alunos, quantidade de letras no nome dos alunos, escrita do nome com tipos de letras diferentes, atividade de caça-palavras com o nome dos alunos, etc);

Mês (Referência)	Agrupamento	Atividades
Agosto	Origem (Continuidade da pesquisa - leitura/escrita)	• origem da escrita (tema que surgiu da curiosidade dos alunos em saber quem inventou as primeiras letras)
Setembro	Poesia	
Outubro	Memória	
Novembro	Origem	
Dezembro	Agrupamento de avaliação e certificação	

No segundo semestre, os alunos da alfabetização permaneceram juntos no agrupamento de Poesia, Origem e Memória. Esse agrupamento iniciou com seis alunos, tendo no processo um total de 16 inscritos, e chegou ao final com cinco alunos. O agrupamento de matemática foi outro espaço vivenciado por esses alunos; os mesmos não ficaram juntos em uma sala, sendo distribuídos nos demais agrupamentos por opção dos professores.

Essa opção nem sempre foi tranquila do ponto de vista dos alunos, dividindo opiniões. Aqueles que tinham mais tempo de projeto entenderam o procedimento sem questionamentos; para eles era uma prática comum. Por outro lado, os alunos recém-ingressos achavam que seria melhor se permanecesse, para o trabalho com a matemática, o mesmo agrupamento de leitura/escrita. Mesmo com essa insatisfação, os alunos da alfabetização participaram durante todo o primeiro semestre dos dois agrupamentos. Os professores justificavam que a reação desses alunos era natural e que, com o tempo, eles se acostumariam com essa organização do trabalho pedagógico.

Dia a dia

No início do ano letivo, o agrupamento de alfabetização não estava constituído. Ele se formou a partir do dia 21 de março de 2000 com um professor de referência e seis alunos que passaram a se reunir em uma sala de aula com o objetivo de desenvolver o processo de alfabetização. Esse termo, "professor de referência", indica o responsável direto por ministrar as aulas, organizar os materiais a serem utilizados, acompanhar o desenvolvimento dos alunos, entre outras ações, ou seja, estruturar o trabalho de alfabetização do projeto. Esse agrupamento iniciou seus trabalhos com a professora Márcia, que já havia se manifestado o interesse em alfabetizar, e a professora Carla, cujo nome foi decidido posteriormente, em reunião, para trabalhar em conjunto no agrupamento.

A sala onde se desenvolveu o agrupamento é grande, bem iluminada, com aproximadamente 25 carteiras dispostas em semicírculo, um quadro negro com dois murais nas laterais, uma mesa para o professor, uma estante onde ficam materiais de leitura como jornais e revistas, entre outros objetos, um armário fechado, cortinas nas janelas e um mural de azulejo no comprimento da parede ao fundo da sala, contendo, entre outros trabalhos, as letras do alfabeto fixadas em tamanho grande. Ao chegar à sala de aula, a professora organizava as carteiras em círculo, maior ou menor, dependendo do número de alunos presentes e da atividade a ser realizada. Desse modo, as aulas aconteciam sempre em círculo, ocupando, na maioria das vezes, apenas uma parte da sala. Percebemos que, aos poucos, os alunos foram se acostumando com a organização das carteiras em círculo e passaram a fazê-lo no início das aulas, independentemente da chegada da professora na sala. Desde as primeiras semanas de aula, os alunos entenderam que não precisavam ocupar lugares fixos, o que permitia, a nosso ver, uma relação mais informal com o espaço. Eles chegavam a partir das 19h alguns jantavam no refeitório, outros ficavam conversando no pátio, outros se dirigiam para a porta da sala à espera da professora ou entravam para organizar as carteiras em círculo. Quando a aula era no segundo tempo, após o intervalo, mais ou menos às 21h15, a professora chegava em sala e já encontrava os alunos organizados à sua espera.

A relação que se estabelecia entre as professoras e os alunos do agrupamento observado era, de maneira geral, descontraída, sendo frequente as brincadeiras entre eles. Os alunos novatos participavam das aulas de forma tímida. Em muitos momentos, no início do agrupamento, percebemos que estes buscavam se informar com os colegas veteranos sobre a rotina do projeto, o temperamento dos professores, a dinâmica do grupo, entre outros elementos. Logo os novatos foram percebendo que o modelo de aula rígida, inflexível quanto a aspectos como o horário e condutas tradicionais que conheciam, não se manifestava no dia a dia do agrupamento de alfabetização.

Percebemos que o funcionamento do Agrupamento de Alfabetização se pauta em grande parte pelo discurso oral. Além de iniciar as aulas sempre com a preocupação em retomar o que foi discutido na anterior, é comum as professoras buscarem o consenso do grupo, o que pode exigir uma votação, para se tomar decisões referentes a atividades a serem realizadas por todos. Embora ganhe relevância nesse contexto a interação que se estabelece entre professoras e alunos, o processo de ensino-aprendizagem é orientado em grande parte pelas ações das professoras no agrupamento. Em relação aos alunos, observamos que eles assumiram gradativamente um posicionamento ativo, de coparticipantes do processo, expondo seus interesses, dúvidas e discordâncias, um comportamento que vai de encontro à timidez inicial.

Apresentando os sujeitos

O objeto de estudo dessa pesquisa, ou seja, o processo de alfabetização de jovens e adultos, limita, a princípio, o grupo de pessoas envolvidas, ou seja, minha atenção estava voltada para professores e alunos de um contexto específico.

A seleção dos sujeitos seria definida após um período inicial de convívio no campo. Definidos os professores que trabalhariam diretamente com a turma de alfabetização pelo projeto e após ter se formado a turma, selecionei os sujeitos.

Como é uma prática do projeto haver dois ou mais professores por sala, optei por realizar a entrevista semiestruturada com os dois professores do agrupamento da alfabetização. Em relação à seleção dos alunos para essa entrevista, foram escolhidos três alunos que já estavam no segundo ano do projeto, nesse agrupamento, e três que estavam iniciando. Levaran-se em conta alguns critérios considerados fundamentais, tais como: frequência, participação e envolvimento nas atividades propostas pelo projeto, além do tempo de permanência. Foram feitas entrevistas informais com os demais agentes, professores, alunos, funcionários e direção da escola.

AS PROFESSORAS

Apresentamos, agora, o perfil das duas professoras selecionadas para a entrevista. O critério básico foi o fato de estarem trabalhando diretamente com o agrupamento de alfabetização durante o ano de realização da pesquisa.[13]

- **Márcia**

A professora Márcia é baixa, tem cabelos castanhos, seu tom de voz é macio, pausado, e ela parece refletir muito antes de expor suas ideias para o grupo de alunos ou professores. Muito observadora, Márcia procura sempre registrar, em seu caderno de notas, as impressões dos alunos, além de algumas falas deles para serem utilizadas em suas argumentações em outros momentos. Com base no acompanhamento em outros agrupamentos, esse procedimento se revelou comum na atuação de outros professores do programa. Sua postura em sala de aula demonstra muita calma; não observei alterações significativas de voz. Ela tem aproximadamente 40 anos, é casada e mãe de dois filhos (um menino e uma menina) em processo de alfabetização. A vivência dos filhos em relação à aquisição do código escrito é motivo de acompanhamento sistemático por Márcia. Ela afirma estar aprendendo muito com eles nesse processo. Vai para a escola de carro e, frequentemente, ao final das aulas, oferece transporte para outros professores.

A formação de Márcia se desenvolveu no final da década de 70. Sua trajetória universitária foi marcada por uma indefinição no campo profissional. Começou na Pontifícia Universidade Católica

---

[13] De acordo com o contrato feito com esses sujeitos entrevistados, utilizamos nomes fictícios para denominá-los.

(PUC) com o curso de Serviço Social, onde permaneceu por dois anos e meio. Nesse período, começou a lecionar na Prefeitura de Contagem, em sua primeira experiência em sala de aula com crianças em fase de alfabetização. No início dos anos 80, já em crise com esse curso, desiste e recomeça na Universidade Federal de Minas Gerais (UFMG) num curso de história, no qual permaneceu por um semestre e meio. Imbuída das questões que a sala de aula lhe colocava, optou, então, pelo curso de Pedagogia, no Instituto de Educação, onde se formou. A escolha dessa instituição se deveu, entre outras coisas, ao fato de ter estudado da quinta à oitava série e no magistério, em nível de segundo grau, nesse estabelecimento. O momento em que Márcia interrompeu sua escolarização no Instituto de Educação para dar prosseguimento em outra instituição coincide com o falecimento de seu pai. Esse processo em relação ao curso superior em outros espaços e ao retorno a esse instituto, onde praticamente se deu toda a sua formação, é considerado por Márcia como sendo a "retomada de sua história":

> [...] eu acho muito interessante a retomada do espaço... eu retomo o espaço no curso de Pedagogia... lá a gente bota o diretório acadêmico pra funcionar... é como se eu tivesse resgatando a minha história.[14]

Saiu da Prefeitura de Contagem, prestou dois concursos na Prefeitura de Belo Horizonte, mantendo, a partir daí, dois turnos de trabalho. Sua experiência profissional se deu, fundamentalmente, em escolas públicas. Nos últimos dez anos vem se dedicando à educação de adultos. Sua entrada nesse campo aconteceu de forma bastante circunstancial. Precisava conciliar o trabalho com as questões familiares (tomar conta do primeiro filho recém-nascido). Ao ter que fazer a reopção de turno, acabou por assumir o turno noturno na escola em que trabalhava. Quando chegou ao curso noturno, ficou muito impressionada, a princípio, com a qualidade do ensino que era oferecido. A falta de aula por quaisquer motivos era frequente.

---

[14] Para a transcrição das entrevistas, nos apoiamos nas convenções empregadas pela Análise da Conversação; ver KOCK (1997). Buscando favorecer uma leitura mais fluente dos trechos transcritos, utilizamos a pontuação própria da língua escrita.

Percebia, também, que os alunos eram muito desconsiderados pela própria escola. Em função dessas questões, entre outras, Márcia começou uma verdadeira briga, envolvendo-se efetivamente com o trabalho no curso noturno. Ainda nessa escola, onde permaneceu mais ou menos por oito anos, foi coordenadora de um grupo de professores. Na discussão pedagógica que mantinha com eles, já vislumbrava uma educação de adultos diferenciada da educação ministrada no curso diurno, embora não contasse com o respaldo da direção da escola. Chegou a candidatar-se à direção da escola com um projeto, mas acabou por deixar essa escola e no ano seguinte o projeto foi aprovado.

Antes do seu ingresso no projeto, trabalhou com a primeira série/alfabetização como supervisora em um dos cargos (na rede era chamado de Técnico Superior de Ensino), trabalhou como coordenadora de quinta à oitava série por quatro anos e também na administração do Partido dos Trabalhadores (PT), em seu Departamento de Educação da Regional Norte, por dois anos. Atualmente tem um cargo na Secretaria Municipal de Desenvolvimento Social (SMDS) e outro como educadora no projeto. Márcia já conhecia a proposta do projeto por ocasião de seu trabalhado na administração do PT. Considerava-o como o único projeto que possuía uma proposta diferenciada para a educação de adultos e, assim, tomou conhecimento do edital para a seleção de professores, se inscreveu e foi aprovada. Em sua trajetória na Rede Municipal de Ensino de Belo Horizonte, Márcia destaca três experiências que marcaram sua formação, contribuindo para um redimensionamento de suas concepções pedagógicas, são elas: o trabalho que desenvolveu em uma escola municipal, outro desenvolvido na SMDS e o que atualmente vem desenvolvendo no projeto.

Possui dois turnos de trabalho, tendo as manhãs livres. Márcia considera essa jornada muito extensa, chegando até a comprometer outras atividades, entre elas o atendimento aos filhos. As reuniões que ocorrem toda sexta-feira com o objetivo de refletir e organizar o trabalho coletivo no projeto se mostram insuficientes dada a própria natureza da criação coletiva do trabalho, como afirma Márcia. Assim, ela acaba por comprometer tanto as suas manhãs como também sábados e domingos em função do desdobramento de reuniões com o coletivo. Embora considere prazeroso o trabalho que desenvolve, ainda não encontrou uma forma de lidar com o acúmulo de atividades fora do horário de trabalho que acaba por demandar a organização no projeto.

Em relação ao processo de alfabetização nesse projeto, não é a primeira vez que Márcia assume esse agrupamento específico. Em 1998, ela, juntamente com duas outras professoras, desenvolveu esse trabalho. Segundo Márcia, geralmente, são dois ou mais professores em cada agrupamento, ou seja, em cada sala de aula. No início da observação de campo, não havia ainda uma definição do grupo em relação aos professores que assumiriam o processo de alfabetização. Márcia iniciou o trabalho e um mês depois passou a contar com outra professora que integrou esse agrupamento. Para Márcia, o grupo de professores não possui ainda uma discussão mais sistematizada em relação à alfabetização. Ela acredita que é necessário o grupo afinar mais o discurso, o que possibilitaria, segundo ela, uma melhor compreensão do processo. Sem essa discussão mais geral do grupo, Márcia busca referência em outras fontes. Além de ler revistas, artigos, publicações na área de alfabetização, discute o processo com sua colega de trabalho tanto na organização dos encontros quanto durante e depois, redefinindo assim os próximos passos. Somada a isso, a vivência dos filhos em relação ao processo de leitura e escrita também é referência para Márcia. Ela participa constantemente de cursos de atualização profissional.

A partir do início das aulas, Márcia observou a manifestação da vontade dos alunos que queriam um momento específico para a alfabetização. Ela levou ao grupo de professores essa discussão e iniciou o processo com alguns momentos específicos nesse agrupamento. Trabalhar com esse grupo de alunos, segundo a professora, também passa pelo desejo. Ela trabalhou diretamente com a alfabetização em 1998. Em 1999 não acompanhou esse grupo, e em 2000 desejava retomar este processo.

Sobre o trabalho pedagógico desenvolvido com esse grupo de alunos, Márcia aposta na arte como um princípio que "mexe com o sujeito na sua totalidade". Segundo ela, o trabalho com os alunos em processo de alfabetização tem que acontecer dentro de um contexto e não simplesmente pela aquisição do código escrito em si. A professora percebe a necessidade da aquisição do código escrito, mas acha que esse código deve ser trabalhado num contexto realmente significativo para o aluno, partindo de sua realidade. Ela afirma ter muitas dúvidas em relação ao processo. Para Márcia, o motivo da volta à escola tem a ver com a história de vida do sujeito, e este, por sua vez, ressignifica esse espaço. Márcia procura se aproximar dessa história, conhecendo-a e interagindo com ela. O diálogo com os alunos, segundo ela, é fundamental para o entendimento dessas histórias de vida. Ela privilegia muito a capacidade de ouvir; ela assume essa postura de ouvir e aprender com os alunos para, a partir daí, construir com eles o processo de leitura e escrita. Ela fica pensando sobre quais seriam as estratégias utilizadas por esses alunos para viverem num mundo letrado e o que isso lhes trouxe de prejuízo ao longo de suas trajetórias de vida.

Outro fator que muito a instiga é o próprio processo de construção da escrita pelos adultos. Ela se pergunta se esse processo é o mesmo que se desenvolve cognitivamente com a criança. No início do trabalho, Márcia buscou diagnosticar: o nível de cada aluno, através de conversas com eles, de atividades com as letras do alfabeto, entre outras ações; quem não conhecia as letras ou conhecia parcialmente; se davam conta de algumas combinações; se reconheciam sons, entre outros aspectos. Esse mapeamento lhe deu condições de pensar as atividades voltadas para as necessidades apresentadas no agrupamento. Márcia entende a leitura enquanto um processo; em suas palavras:

> [...] na verdade, eu entendo a leitura como um processo... a leitura do código, se você pensar na técnica e tudo,,, é uma análise combinatória se eu junto isso com isso... isso com isso... isso com isso aí vai, né?

A questão que necessita de maior compreensão pelo coletivo é a forma como o processo de aquisição da escrita ocorre quando se trata dos adultos. Segundo ela, hoje o projeto tem como eixo do processo de alfabetização o contexto do adulto, mas falta a discussão sobre a forma, ou seja, o modo como esse processo deve ser desenvolvido; e, assim, cada professor que assume esse trabalho tende a fazê-lo a seu modo.

Outra preocupação apontada por Márcia é o grande número de jovens que vêm procurando o programa. Esse movimento tem conferido ao projeto um perfil mais jovem que, consequentemente, coloca para o grupo a necessidade de repensar suas ações. Na sua observação, esses jovens vão em busca de um modelo de escola mais próximo de suas vivências, como, por exemplo, professores organizados por disciplinas. Essa busca já não é sentida nos alunos mais adultos, pois, na maioria dos casos, nunca estudaram ou interromperam os estudos nas séries iniciais onde se tinha um professor para todos os conteúdos. Segundo ela, a visão de escola que o aluno adulto traz lhe permite se adaptar mais facilmente ao processo de organização do programa.

- **Carla**

A professora Carla é baixa, tem cabelos pretos e é muito participativa, dinâmica, de voz firme. Tanto em sala de aula quanto em outros espaços da escola ela fala muito, está sempre expondo suas ideias e dando opiniões. Tem cerca de 30 anos, é casada e mãe de dois filhos, nascida e criada em Belo Horizonte. Embora tenha hoje simpatia por outras religiões, foi criada na religião católica, onde fez a crisma, e participou de grupos de jovens. Participou de vários movimentos com grupos petistas; é simpatizante do PT, mas não é filiada ao partido. Vai para a escola de ônibus e retorna de carona com outras colegas.

Seu marido é técnico em química, iniciou três cursos superiores e não concluiu nenhum. Os pais de Carla são de Lavras, no Sul de Minas Gerais. Logo que casaram, vieram para a capital onde tiveram dois filhos. A escolarização dos pais de Carla é incompleta; ambos não terminaram o ensino fundamental. O pai, hoje aposentado, é dono de uma microempresa, que funciona em casa, e onde a mãe também trabalha. Carla se impressiona com a memória que a mãe possui em relação a datas e fatos históricos. Segundo ela, sua mãe interrompeu os estudos na antiga quarta série, mas sempre gostou de ler e, constantemente, está envolvida com a leitura, além de participar muito de movimentos de igreja. O irmão de Carla também teve uma escolaridade marcada pela irregularidade, mas concluiu os estudos através do Telecurso.

Carla se formou no magistério em nível de segundo grau, contra o gosto da mãe que alimentava o desejo de que a filha fizesse Contabilidade para trabalhar em banco. Carla cursou da primeira à oitava série em escolas públicas municipais e considera que teve uma escolarização muito feliz. Essas escolas por onde passou eram recém-inauguradas, estavam cheias de ideias. No início de um trabalho, isso para ela foi muito importante. Em seu processo de escolarização, destaca a importância de alguns professores que, no percurso de sua formação, contribuíram para despertar o seu interesse por outras áreas com as quais, afirmou, não tem muita afinidade. Ela nunca interrompeu os estudos; toda a sua escolarização, incluindo o ensino superior, se desenvolveu no curso diurno. O quarto ano de magistério, feito no Instituto de Educação, em Educação Artística. Carla se identificou tanto com essa área que, tão logo concluiu a graduação, voltou para essa instituição e fez pós-graduação em Arte e Educação.

Na graduação, escolheu o curso de Letras da Fale/UFMG. Um dos motivos pelo qual optou por esse curso é o fato de se declarar "apaixonada com a leitura". Procura estar sempre lendo, embora afirme que tem lido menos ultimamente. Na escolha desse curso superior, Carla diz não ter considerado como um dos critérios o retorno financeiro, mas, sim, a sua realização pessoal. Esse critério sempre esteve permeando suas escolhas em todos os aspectos. Ela iniciou o curso de Letras fazendo português e francês, depois alemão. Participou também dois anos do Diretório Acadêmico (DA) e um ano do Diretório Central dos Estudantes (DCE), nesse período. Terminou esse curso em cinco anos e meio. Carla afirma que, se não fossem as novas regras aprovadas pelo Comitê Universitário na época, em relação ao tempo de duração de cada curso, ela ainda faria mais matérias. Ela conseguiu extrapolar os limites do curso fazendo, ainda, uma matéria de fotografia e outra de cinema na Faculdade de Belas Artes. Na sociologia, cursou uma matéria da antropologia. Para ela, era muito importante o leque de possibilidades de informações que a universidade proporcionava. Assim, procurava estar sempre atenta e participante.

No final da década de 80, ingressou na Prefeitura de Belo Horizonte quando ainda cursava a faculdade. Os últimos cursos que fez foram: um curso de Jovens e Adultos da própria prefeitura, um curso da Ação Educativa, ministrado nas férias, uma disciplina na FaE/UFMG e, por último, um curso da Escola Balão Vermelho.

Carla manifestava o desejo de se transferir para o turno noturno da escola em que trabalhava. Um primeiro aspecto importante em relação a esse desejo era ligado ao trabalho desenvolvido. Por exemplo, quando os professores do noturno promoviam oficinas, ela se inscrevia e ia para esse turno trabalhar com os adultos, oferecendo uma oficina. Um segundo aspecto relacionava-se à idade dos alunos. Carla se indignava com a transferência de alunos com tão pouca idade para o turno da noite. Eles, geralmente, se encontravam fora da faixa etária para permanecer no diurno. Um terceiro aspecto ainda estava ligado à visão que o aluno adulto possui de escola. Nas palavras de Carla:

> [...] a visão do adulto é muito é... que a escola é um período. Se ele perdeu, perdeu, acabou, passou. Uma das crenças que eu tenho é que a escola é um espaço em que as pessoas tinham que querer ficar nela mais tempo possível e não ter essa correria pra ir embora.

Mais especificamente, o ensino noturno, para ela, deveria ser o espaço para as pessoas com escolarização irregular ou nenhuma escolarização terem para a sua formação, "para a construção de novos saberes que independem de uma classificação social... seriada... ou de um diploma". Todos esses aspectos mencionados contribuíram para que a professora se envolvesse cada vez mais com o ensino noturno. Assim, Carla viu no projeto uma possibilidade diferenciada. Através de uma publicação, tomou conhecimento desse projeto e se identificou com a proposta. No final de 1997, prestou o concurso, foi selecionada, assumindo o programa no início de 1998. Atualmente, ela trabalhava em dois turnos, tarde e noite; suas manhãs ficam livres e geralmente são destinadas para as atividades domésticas e o atendimento aos filhos.

Falando sobre o trabalho no projeto, Carla afirma que o fato de ele ser, fundamentalmente, coletivo o torna complexo. São muitas as escolhas e decisões que são tomadas ou pelo grupo inteiro ou pelas duplas que atuam na sala de aula. O grupo se reúne contando aproximadamente com 15 professores que articulam, expõem suas ideias, discordam, na tentativa de buscar uma orientação comum e o mais consensual possível para nortear todo o desenvolvimento do trabalho. Para Carla, as falhas são poucas se for considerado o volume de decisões que são tomadas em conjunto. O modo de trabalhar no projeto possibilita aprofundar as relações: "a relação de ver o indivíduo como um ser pensante, com consciência, dono de um saber que ele tem que saber qual é", afirma Carla. Uma das preocupações do grupo nesse sentido é o trabalho com textos mais politizados. Ela afirma que o principal não é o texto em si, mas que leituras o sujeito faz, como ele constrói essa relação com o conhecimento.

    Carla explica ainda que a ênfase no processo de ensino e aprendizagem está no ato de conhecer acima de tudo, ou seja, o aluno seria levado a perceber quais as estratégias que ele próprio utiliza. Ao ter consciência do caminho percorrido, ele vai entender que existem outros e, desse modo, chegar ao conhecimento socialmente construído como padrão. É fundamental, para o processo, desenvolver um trabalho de autoestima, para que o aluno entenda que tem capacidade, que é um sujeito que aprende, que tem saberes, que tem consciência, que tem valores.

    Na organização do trabalho no projeto, os professores contam com dois espaços importantes: o primeiro é a reunião semanal todas as sextas-feiras para discussão, informes e planejamento. O segundo é a reunião que geralmente é marcada para os sábados e que tem o caráter de estudo sobre diversos assuntos. O nome dado para estes encontros é "sábado de formação", e dele, todo o grupo participa. A frequência desses encontros depende da disponibilidade dos professores. Para conseguir pensar o trabalho nos agrupamentos em que está envolvida, Carla também fica horas ao telefone com sua colega de sala, além de utilizar e-mail e aproveitar duas horas antes do início da aula, às segundas-feiras, para discutir o planejamento e organizar material.

As atividades extra-horário de trabalho são comuns. Carla e os demais professores do grupo são constantemente convidados para falar sobre o programa em escolas, encontros, seminários e eventos. Ela não vê problema em relação a esse acúmulo de atividades porque percebe que o grupo todo participa e há uma distribuição das tarefas, mas afirma: "quando eu não dou conta também dou o grito". Ela percebe a diversidade existente na constituição do grupo de professores: existem os mais calados, os mais ponderados etc., mas é exatamente essa diferença que faz a riqueza do coletivo.

Em relação à sua entrada no agrupamento de alfabetização, afirma que precisou esperar dois anos. Carla também esclarece que a escolha de professores para desenvolver esse processo de alfabetização não obedece a nenhum critério específico. É opcional. Os professores se dispõem e as equipes se formam a partir desse desejo do professor. Carla já trabalhou com alfabetização de crianças e sempre teve a "curiosidade" de vivenciar como esse processo é construído pelo adulto. Ela percebe que, embora o código escrito não esteja ao alcance dessas pessoas, outros saberes estão. Assim, o primeiro passo é resgatar esses saberes. Carla afirma que uma das primeiras discussões desse grupo de professores era a alfabetização, tendo em vista que o atendimento era voltado somente para o primeiro segmento do ensino fundamental.

A relação construída com os alunos a partir da vivência no programa é expressa nas palavras de Carla:

> [...]eles encontram com a gente como quem vê um velho amigo... o povo encontra a gente no supermercado, sabe... brinca...

Ela explica que não há uma continuidade linear no programa, ou seja, os alunos que frequentaram hoje podem não ser os mesmos da noite anterior: "ontem tinha tanto... hoje pode ter mais".

Segundo a professora, o grupo de professores vem discutindo há algum tempo a possibilidade de ter uma turma com um horário de funcionamento diferenciado, com o objetivo de atender aqueles que não podem frequentar o curso devido ao horário de trabalho.

OS ALUNOS

Passamos a apresentar os seis alunos selecionados para a entrevista. Lembramos que, para a seleção, foram utilizados os critérios de tempo de permanência no agrupamento, frequência, participação e envolvimento nas atividades propostas pelo projeto.[15]

QUADRO 4
Dados gerais dos alunos selecionados

Nome	Idade	Estado Civil	Natural de	Tempo de moradia em BH	Tempo no Projeto (*)	Principal ocupação exercida (**)
Odília	61 anos	Viúva	Esteios/MG	50 anos	segundo ano	aposentada (faxineira)
Maria Cardoso	39 anos	Casada	Jacinto/MG	24 anos	segundo ano	dona de casa
Sebastião	43 anos	Solteiro	Conselheiro Pena/MG	40 anos	segundo ano	aposentado (por invalidez)
Maria José	27 anos	Solteira	Tacaré/BA	02 anos	primeiro ano	dona de casa
Maria Vilma	38 anos	Solteira	Capelinha/MG	25 anos	primeiro ano	doméstica
Iracema	35 anos	Solteira	Capelinha/MG	16 anos	primeiro ano	doméstica

(*) No final do ano de 2000, ao longo do qual se coletaram os dados.

(**) Foi considerada a principal ocupação exercida pelos sujeitos.

- **Odília**

Odília tem 61 anos, é alta, usa óculos para ler, tem voz calma, é viúva, mãe de quatro filhos. Tem 11 netos. É natural de uma região chamada Esteios, que fica próxima à cidade de Luz. É de religião católica. Nunca participou de movimentos sociais e políticos. Toda a sua família chegou a Belo Horizonte, para morar na casa de parentes, há aproximadamente 14 anos. Viveu uma infância marcada por uma condição de extrema pobreza, falta de comida,

---

[15] Não utilizamos nomes fictícios para denominar os alunos entrevistados, pois, ao serem consultados, eles optaram pela manutenção dos nomes verdadeiros.

falta de moradia fixa. Em Esteios, moravam na roça, de favor, e, nessa condição, estavam sempre em constante mudança. Em Belo Horizonte, a família conseguiu mais tarde comprar a casa própria, mas Odília permaneceu na casa dos parentes até se casar. Seu marido era sapateiro; viviam dos sapatos que ele mesmo fazia e vendia, apesar de o rendimento ser muito pouco. Ele tinha estudado até o quarto ano primário. Segundo Odília, ele lia e escrevia muito bem. Ela afirmou não ter tido sorte no casamento e, após se separar do marido, se viu na condição de ter que trabalhar para sustentar os quatro filhos ainda pequenos. Nunca mais se casou; passou a viver para os filhos e para o trabalho. Por muito tempo, trabalhou como faxineira, seu primeiro serviço. Nunca frequentou escola regular. Sua primeira experiência com a escolarização voltada para adultos se deu no Mobral. Em suas palavras:

> [...] eu comecei a estudar o Mobral que tinha ali onde hoje é o Projeto. Começou um Mobralzinho lá, sabe? Aí eu frequentei uns meses... pouquinho. Mas não dava jeito deu... trabalhar e chegar de noite e ir pra aula... não tinha jeito não. Aí eu comecei um pouquinho. Foi aonde mais ou menos aprendi a escrever o meu nome, alguma coisinha assim, sabe...

Tendo aprendido essas habilidades iniciais, conseguiu, mais tarde, um emprego de faxineira em uma metalúrgica, que fabricava peças para trator, onde permaneceu por mais tempo. Posteriormente, foi trabalhar no Serviço Nacional de Aprendizagem Industrial (Senai), em máquinas que faziam o acabamento de peças, mas o fato de não saber ler a impedia de exercer plenamente as tarefas, como anotar as medidas na papeleta, por exemplo. Trabalhou em muitos restaurantes e fábricas até se aposentar. Os seus sentimentos em relação à leitura e à escrita eram de muito constrangimento e vergonha, que estão expressos em sua fala:

> [...] quando era pra escrever eu ficava pensando assim: "ô gente, porque que eu não sei ler pra mim escrever isso!" Mas não sabia pedir os outros. Eu nunca fui muito de tá pedindo os outros as coisas. Então era preferível ficar em falta. Passava muito aperto...

Em algumas situações de uso da leitura no cotidiano, o recurso utilizado por Odília era o apoio à memória. Para se locomover, por exemplo, ela relatou não sentir dificuldades:

> [...] a gente decora o ônibus porque é o ônibus da gente. Em qualquer lugar que você tiver ali, você sabendo ler ou não sabendo, isso aí pra mim não era tão difícil como outras coisas que às vezes eu sentia. Mas eu sei que a leitura faz muita falta mesmo... muita falta...

O fato marcante que a impulsionou a voltar a estudar foi ter assistido na TV uma matéria sobre educação em que uma criança ensinava à avó as letras. Ela se comoveu com o fato e começou a pensar sobre a sua própria situação, o tempo que havia perdido, pois, depois da rápida experiência com o Mobral, não havia procurado mais escola. Segundo ela, se estivesse aproveitando o tempo para os estudos, logo depois que se aposentou, hoje já teria terminado o primeiro grau. Um dos problemas que a impedia de voltar para a escola era a própria concepção que tinha de si mesma e dessa instituição. Em suas palavras:

> [...] eu pensei que eu era a mulher mais velha que ia ter naquela escola. Quando eu cheguei lá no projeto, eu vi outras pessoas da minha idade e pensei no tempo que perdi. Perdi esse tempo todo de bobeira porque eu tinha vergonha de ir pra escola. Eu achava que a aula era só pra quem era livre, solteiro, né. Eu depois de velha assim... os outros ia ficar gozando a gente...

Ela atribui boa parte do seu aprendizado ao esforço pessoal, à sua vontade de saber e às necessidades do cotidiano. Mesmo sem ter frequentado uma escola, ela já havia aprendido o "Abecedário", conhecia as letras, mas não sabia escrevê-las:

> copiei o Abecedário até aprendê ele. Lê a gente decorava, as letras, mas o que que adianta, você fala as letras sem sabe qual que são elas, né? Pois é as letras eu sabia todas. Mas na hora de escrever, perguntava se eu sabia fazer. Escrever o Abecedário num sabia...

Odília está no projeto há dois anos. Ela afirmou que não sabia ler quase nada quando começou, mas o "Abecedário sabia direitinho de cor". Ela conta com emoção como foi que aprendeu o alfabeto antes de entrar no projeto:

> [...] a gente aprendeu o Abecedário era com a casca de laranja. Nós aprendemos foi assim: meus irmãos mais velhos que estudava, né, eles fazia... descascava a laranja toda e ficava lendo o Abecedário: A... B... C... D... e lia até o fim, né. Então, por isso que a gente decorou e depois, com o tempo, a gente ficou conhecendo pelo livro, né... qual que era o B... C... tudo...

Mesmo antes de entrar no projeto, já gostava de copiar. Ela disse que, nas horas vagas, copiava o livro de poesia de sua sobrinha em seu caderno. Nesse projeto, tudo que era trabalhado em relação à escrita, todo tipo de material xerografado que recebia nas aulas, Odília reescrevia em casa. Na sua compreensão, esse procedimento poderia melhorar cada vez mais a sua escrita. Embora já soubesse ler pausadamente e escrever através de cópia, mostrou com orgulho seus cadernos, reafirmando o quanto gostava de escrever mais do que ler.

Quanto à leitura, afirmou que não lê muito bem, preferindo ler os materiais do curso quando está em casa sozinha, pois não se sente à vontade quando tem que ler em sala de aula. Além dos materiais xerografados do curso, ela também gosta de comprar revistas, como, por exemplo, *Contigo*, para poder ler. A matemática também é motivo de preocupação para ela. Fez questão de possuir uma calculadora para fazer contas, embora tenha afirmado não ter adquirido ainda a habilidade no uso. Ela faz as contas na calculadora e em seguida refaz no caderno para ver se está correto.

Quando fala de suas expectativas em relação ao projeto, afirma que seu grande sonho é chegar a ler, escrever e fazer contas "direitinho" e chegar até a "sexta série". Odília pareceu não entender a certificação que é conferida ao final do curso. Seu objetivo, além de chegar até a "sexta série", é o de aprender muito, tudo o que for possível. Ela ressalta também a importância das aulas no sentido de preencher o seu tempo, que era ocupado pelos programas de TV a que, antes de voltar a estudar, assistia até dormir. Ao final do ano observado, a aluna foi certificada. Por decisão dela, ainda continua frequentando as aulas no projeto.

- **Maria Cardoso**

Maria Cardoso tem 39, é casada, mãe de duas filhas, uma com 18 e a outra com 11 anos. É católica, natural da cidade de Jacinto, que fica no Norte de Minas. Viveu nessa cidade até os 15 anos, depois se mudou para Belo Horizonte para trabalhar como doméstica. Os irmãos se mudaram aos poucos para a capital. Os pais até hoje moram em Jacinto. Segundo Maria Cardoso, seus pais gostam da cidade por ser pequena e tranquila. É o espaço no qual se sentem à vontade. Eles pais nunca estudaram. Dos sete irmãos, apenas duas irmãs que foram criadas por um fazendeiro estudaram e se tornaram professoras, embora não tenham chegado a exercer a profissão.

Atualmente Maria se ocupa dos trabalhos da casa e das atividades da escola. Ela já participou de movimentos para a melhoria do bairro e reuniões do orçamento participativo. Reside no bairro há 13 anos. Seu marido é metalúrgico e está cursando o segundo grau supletivo.

Maria Cardoso afirmou que tanto o marido quanto as filhas apoiam muito os seus estudos. Ainda na cidade de Jacinto, ela trabalhava durante o dia como doméstica e, à noite, por pouco tempo, frequentava uma escola onde havia turmas do Mobral. Com essa experiência, diz ter aprendido o alfabeto, a escrita do seu nome e um pouco de leitura, embora reclame não se ter desenvolvido na escrita. O que ela sabe, aprendeu com as filhas e o marido: "quando precisa de ler alguma coisa o marido ajuda e as meninas também ajudam".

No dia a dia, ela utiliza tanto a leitura quanto a escrita. Ela procura ler tudo o que aparece. Quando está no ônibus presta atenção em tudo. Quando está em casa, lê e escreve, principalmente receitas culinárias, anota recados ao telefone, mas muitas vezes pede para que as filhas organizem suas anotações. Aprender a ler, para ela, significou mais independência em relação às pessoas.

Por falta de oportunidade na infância, depois o trabalho, o casamento e os filhos, o estudo passou a ser um sonho cada vez mais distante, e, agora, segundo ela, "as meninas cresceu eu animei a entrar na escola". Ela conta que, na inauguração da Escola Municipal União Comunitária, foi informada de que haveria, à noite, o curso para os adultos. Era a oportunidade que lhe faltava, e o mais importante é que estaria estudando perto de casa. Já teve notícia de outros cursos, mas a distância era um impedimento. Maria Cardoso relata o objetivo que tinha em relação ao aprendizado:

> [...] eu lia. O meu problema ta é em escrever. Não consigo, porque num sei qual letra que eu ponho. Num sei onde põe acento nem vírgula. Isso aí é que eu num sei: qual a letra (maiúscula ou minúscula). O alfabeto eu conheço. Já entrei na escola sabendo.

Em relação ao curso, Maria Cardoso gosta do processo que vivência, mas acredita que seria melhor se houvesse mais atividades de escrita. Para ela, se escreve pouco no curso:

> [...] podia passar coisas pra gente escrever bastante pra treinar, né? Às vezes é meio devagar nesse ponto aí na escola. Podia passar coisa pra gente desenvolver bastante, escrever. Num ta ruim não, ta bom, mais tinha que passar mais coisa no quadro pra gente copiar. Pra gente desenvolver nossa caligrafia, né?

Na organização dos agrupamentos no curso, ela critica o fato de haver poucos momentos com atividades para os alunos da alfabetização. Estar junto com outros alunos que têm maior habilidade na leitura e na escrita é muito difícil para ela, chegando a ser até desestimulante. Segundo ela, não é possível acompanhar o que se lê. Quando consegue acompanhar as palavras, não entende o significado. Essa situação fez com que ela, no início de sua participação no projeto, se sentisse incapaz de continuar acompanhando as aulas. Em suas palavras:

> [...] igual quando eu entrei o ano passado nas outras salas, naquela mistura. A gente sabe pouco, não consegue acompanhar as leituras, né? Igual aos outros, rápido. O difícil é isso que eu acho, né? Você num da conta de acompanhar.

> Às vezes, o professor nem sabe que você num sabe. Igual eu, eles nem sabiam que eu num sabia. Mas agora eles já sabem. Já sabem de onde que eu sou. Mas logo no início, é difícil. Eu queria sair. É difícil demais, num da conta de acompanhar os outros. E acaba você num lendo era nada, tenta lê pra pode andar rápido e num entende é nada. Acaba num entendendo.

Esse é o segundo ano de Maria Cardoso no projeto e ela faz questão de dizer sobre as dificuldades que passou no início do processo. Para ela, os alunos que estão se alfabetizando deveriam passar mais tempo do curso juntos, realizando atividades que fosse possível acompanhar. De modo geral, outras atividades que são desenvolvidas no programa, como, por exemplo, assistir a um filme, teatro, ou mesmo fazer uma excursão, são para Maria Cardoso muito importantes porque se aprende muita coisa. Para ela, é melhor estar na escola do que em casa. Sua expectativa é saber escrever "bem", para conseguir escrever qualquer coisa que quiser, e pretende ficar no curso até alcançar seu objetivo. Ao final do ano observado, a aluna foi certificada. Não temos informações sobre a continuidade de seus estudos.

- **Sebastião**

Sebastião tem 43 anos, é solteiro, tem cinco irmãs. Uma delas já é falecida e as outras são casadas. Reside com uma companheira há 16 anos. Com os anos de convivência, ele considera os filhos dela como seus filhos. Sua companheira é pensionista e sua escolaridade se resume à quarta série. A cidade natal de Sebastião é Conselheiro Pena, que fica localizada perto de Governador Valadares. Quando veio com a família morar em Belo Horizonte, tinha apenas três meses de idade. Por ter primos que ainda moram em Conselheiro Pena, visita esporadicamente a cidade. Não tem desejo de voltar a morar naquela região por considerar o clima muito quente. Sua religião sempre foi católica. Sua trajetória de vida é marcada por um profundo envolvimento com movimentos de base. Por 17 anos, participou da associação de bairro, e foi militante do PCdoB por cinco anos, partido ao qual ainda é filiado, embora sem atuar. Sebastião não consegue esconder sua emoção ao expressar seus sentimentos em relação aos companheiros do partido:

> [...] o pessoal num é igual antigamente, que procurava mais a gente. Agora parece que ta tudo meio burguês, ta tudo rico. Antigamente, o pessoal era mais pé no chão, mais companheiro, procurava a gente. Eu só tenho um companheiro, amigo mesmo. Ele é presidente do partido lá em Uberlândia. Ele vem em casa me procurar sempre. Tem o pé no chão, né?

Influenciado, segundo ele, pelo relacionamento com a companheira, acabou optando por deixar a militância. Sua vontade era voltar a participar do movimento. Em suas palavras: "sinto saudade daquela época... era muita pichação que a gente fazia, né?... manifestação... reunião... sinto saudade".

Em relação ao trabalho, Sebastião diz que em Belo Horizonte a vida foi muito difícil. Ele era servente de pedreiro e, por ter uma paralisia no lado direito, sofreu muito com o preconceito das pessoas e dependia da ajuda dos colegas para arrumar trabalho. Mais tarde, conseguiu um serviço com a ajuda de sua irmã, que mora em São Paulo. Por sete anos trabalhou nesse serviço que considerava muito perigoso. O trabalho era de faxineiro na linha do Trem Metropolitano. Segundo ele, quando o trem se aproximava, era preciso entrar debaixo da plataforma rapidamente. O grande número de suicídios que presenciava e, ainda, o fato de sempre ser chamado para tomar conta do corpo até a chegada da polícia fizeram com que ele requeresse a aposentadoria.

Em relação à sua trajetória escolar, Sebastião relata que chegou a frequentar a escola na infância. Sua mãe sempre se preocupava em fazer a matrícula dos filhos, mas o tempo em que permanecia na escola era muito curto, de quatro até seis meses no máximo. Nessa época moravam de aluguel, e o seu pai, segundo ele, não tinha o hábito de pagar o aluguel, o que levava a família a estar sempre de mudança. Sua mãe nunca pedia a transferência dos filhos para outro estabelecimento devido à incerteza em relação à moradia. Por esse motivo, ele diz que a única coisa que foi possível aprender foi a escrita do nome, embora afirme que ainda escreve seu nome muito mal.

Seu desejo é ter um bom estudo, aprender a escrever, a ler sem gaguejar, conseguir ler um livro inteiro. Com esse desejo, procurou informação sobre as escolas que funcionavam à noite até encontrar o projeto, no qual se matriculou e vem frequentando há dois anos. Para ele, se tivesse pensado na falta que o estudo faz, hoje já estaria cursando a sexta série, mas se conforta com a afirmação de que "nunca é tarde".

Para lidar com a leitura e a escrita no cotidiano, Sebastião contava com os amigos que liam para ele. Acompanhava atentamente e se apoiava na memória, guardando as informações. As idas e vindas na escola quando criança possibilitaram que ele conhecesse um pouco as letras. Ele se apoiou nesse conhecimento e procurava sempre tentar ler aquilo que lhe chamava mais atenção, principalmente as propagandas. Sebastião relata:

> [...] eu devo muita obrigação ao meu amigo. Ele lia pra mim, aí eu ia guardando. Depois, quando eu via esses *outdoors*, ficava lendo. Juntava as letras, que eu já conheço as letras. Mas num sabia a forma, aí... ia lendo. Juntava o que estava escrito lá, aí lia. Eu lia pouquinho, né? Agora que eu entrei pro projeto lá, eu junto as palavras e leio...

Com a escrita, foi o mesmo percurso. Para preencher uma ficha de trabalho ou fazer alguma anotação, por exemplo, precisava da ajuda das pessoas. Ainda hoje, dependendo da necessidade, recorre à sua companheira ou a alguém mais próximo para fazer o registro escrito.

Sebastião relata que já teve muita dificuldade no projeto. Foi difícil, no início, compreender a proposta e se adaptar ao processo de ensino-aprendizagem. Uma de suas dificuldades foi com a sala em que ficou no agrupamento de matemática. Em suas palavras:

> [...] entrei na sala de matemática, só eu não sabia matemática. Então a pessoa que sabe, só sabia falar só pra eles. Aí fui pra outra sala. Lá agora gostei. A professora me chama,

senta perto de mim, me mostra como é que é, né? Os alunos da outra sala tinham muito mais escolaridade, né... Então, eu ficava só no meiozinho, né...

Para ele, os alunos que não sabem ler nem escrever ficam perdidos quando estão em salas em que a maioria já detém essas habilidades. Segundo Sebastião, seria importante reunir esses alunos para a aprendizagem tanto da leitura quanto da escrita, o que já aconteceu outras vezes no projeto. Mas, para ele, é importante também mudar de sala, pois assim é possível conhecer as outras pessoas.

Afirma que tem sido muito bom o tempo em que está no projeto, pois agora sabe ler um pouco mais e sem "gaguejar tanto" Ele afirma que só gagueja quando se depara com estruturas textuais mais difíceis. Embora ressalte a importância da escrita, diz ter mais dificuldade para escrever. Quando vai escrever, afirma que o seu principal problema é trocar as letras e escrever as palavras faltando letras.

Outras atividades extrassala de aula que são desenvolvidas no projeto adquirem uma importância muito grande para Sebastião, representando a possibilidade de estar em espaços que não seriam possíveis sem o projeto, como é o caso da ida ao teatro, uma atividade que o marcou muito. Sua maior expectativa em relação ao estudo é chegar a concluir o segundo grau e estudar mais para fazer informática. Ao final do ano observado, o aluno foi certificado. Não temos informações sobre a continuidade de seus estudos.

- **Maria José**

Maria José tem 27 anos, é solteira. Tem duas filhas, uma menina de quatro e outra de dois anos. É natural de Tacaré, uma cidade que fica perto de Ilhéus, na Bahia. Sua religião é católica e nunca participou de movimento político. Há oito anos tem um companheiro que trabalha como soldador. Ela não soube informar sua escolaridade; apenas disse que ele sabe ler e escrever. Ele também é natural de Tacaré, e se conheceram quando ela tinha 20 anos e ainda viviam lá.

Os pais de Maria José nunca estudaram. Ela e os outros quatro irmãos e seis irmãs também nunca foram à escola. Toda a família vivia na roça onde trabalhava na capina, no plantio e colheita da mandioca para fazer a farinha, na colheita do cacau. Não havia tempo para a escola, segundo ela. Sua mãe saía da roça para vender o tempero e o biju de goma de tapioca na feira da cidade. O pai já faleceu; a mãe e os outros irmãos se mudaram pra cidade, sendo que os mais novos estão tendo oportunidade de estudar e não viveram a vida difícil na roça.

Como Maria José nunca havia saído de sua cidade natal, o processo de adaptação em Belo Horizonte não tem sido fácil. Chegaram aqui há mais ou menos dois anos. Até então, estava acostumada com o convívio familiar, com os passeios, o trabalho na roça, as vendas na feira. Seu sentimento é de muita solidão e abandono e alimenta uma grande vontade de voltar para Tacaré. Diz até que sonha com esse retorno. Quase não sai de casa, a não ser para ir à escola. Quando precisa ir ao centro da cidade, ou levar as filhas ao médico, procura a companhia das amigas que moram na vizinhança. De qualquer modo, não importa o motivo sempre, quando sai de casa, mesmo dentro do bairro, carrega um pedaço de papel no qual está anotado o nome da rua em que mora, o número da casa e seu nome completo, para o caso de se perder.

Ela não tem conhecimento do alfabeto; identifica apenas a letra **A**, por ser a primeira letra do alfabeto, e a letra **O**, a que ela compara a uma bola. Ela não sabe escrever o próprio nome, somente através de cópia. Não identifica nenhuma palavra e nem associa letras aos sons. Quando precisa ler alguma coisa, uma bula de remédio das crianças, por exemplo, pede ajuda ao companheiro. O mesmo ocorre na escrita. É o companheiro que escreve as cartas para sua mãe na Bahia. Ela tem a confirmação do que foi escrito na carta sempre que conversa por telefone com os parentes.

Maria José tomou conhecimento da existência do projeto através das amigas, que ficavam muito incomodadas com a sua situação. Depois de muita insistência, ela procurou o projeto, efetuou a matrícula e começou no mesmo dia a assistir às aulas. Ela conta que os primeiros dias foram difíceis, pois tinha muita vergonha. Para ela, todos já sabiam ler e escrever; suas mãos gelavam e achava que não iria conseguir. Embora seja muito tímida, com o tempo foi se soltando e percebendo em outros alunos as mesmas dificuldades que ela possuía. Mas, mesmo com esse desejo de estudar, Maria José acredita que não consegue aprender muito. Atribui isso ao fato de ter caído de uma árvore quando ainda morava na roça. O que espera da escola é chegar ao final do ano "sabendo mais alguma coisa, né?... lendo e escrevendo alguma coisinha". A aluna abandonou as aulas em meados do segundo semestre, e não temos informações sobre a continuidade de seus estudos.

- **Maria Vilma**

Maria Vilma tem 38 anos, é solteira e tem um filho de nove. Como o pai não assumiu a criança, ela a registrou em seu nome e, desde então, vem trabalhando muito para criá-la. É natural da cidade de Capelinha, que se localiza depois de Diamantina. Seus pais nunca saíram de Capelinha. A mãe é falecida, o pai nunca foi à escola, mas aprendeu sozinho a assinar o próprio nome. Maria Vilma era da religião Católica, mas atualmente participa da Igreja Universal do Reino de Deus. Por um curto período de tempo, participou do Movimento dos Sem Casa. Mora em um apartamento alugado junto com mais quatro irmãs. Todas as despesas são divididas entre elas. Ela foi a primeira de sua família a deixar o interior, e, aos poucos, as outras também vieram em busca de trabalho e melhores condições de vida na cidade.

Maria Vilma sempre trabalhou com a carteira assinada como doméstica. Estudar sempre foi o seu desejo. Na primeira oportunidade que teve, deu início aos estudos, mas por pouco tempo, pois teve que abandoná-lo para se manter no trabalho. Em outra tentativa, seu filho ainda era muito pequeno e não tinha com quem deixá-lo. Mas nem mesmo as dificuldades do dia a dia superaram sua vontade de estudar; em suas palavras:

> [...] eu tive muita vontade de aprender. Você vê uma coisa lá, e fica com vontade de lê aquilo, e fica dependendo dos outros. As pessoas ficam com má vontade, né? A gente chega num lugar, pede uma pessoa pra preencher alguma coisa pra gente, me tira do sério, eu fico perturbada mesmo, sabe? Isso foi incomodando.

Entre essas entradas e saídas da escola, uma professora escreveu para ela o seu nome completo, e ela, então, foi treinando sozinha até conseguir assinar o próprio nome. Tem conhecimento de algumas letras do alfabeto. Pensando no futuro, acredita que, até completar 50 anos, já terá aprendido muita coisa, pois tem muitos anos pela frente. Em seus planos, pretende, no futuro, ter outra ocupação:

> [...] eu quero mais pro futuro. Porque a hora que a gente tiver mais velha, a dificuldade é maior, né? Eu preciso saber fazer alguma coisa dentro de casa, né? Porque, pra gente fazer alguma coisa de receita, tem que saber olhar, né. Então, assim, pra fazer uma encomenda pra fora, você tem que saber tudo, né. Como é que eu vou aprender a fazer alguma coisa se eu não sei lê, né?

Maria Vilma entende que, sem a leitura e a escrita, não há possibilidade de conseguir um emprego melhor. Ela diz que já perdeu oportunidades de trabalho por não ler nem escrever, pois, em um emprego, precisava atender bem o telefone e anotar os recados corretamente e não tinha condições para isso. A falta da leitura e da escrita já lhe trouxe grandes dificuldades. Entre elas, já ocorreu o fato de ficar perdida, não conseguindo identificar o ônibus que deveria tomar para voltar para casa. Prestar atenção em todos os detalhes é uma habilidade que Maria Vilma desenvolveu para evitar esses transtornos. Ela sempre procura um ponto de referência, algo em que possa se direcionar quando se trata de um lugar novo.

Muitas vezes ela ficava no trabalho até mais tarde e começou a perceber que poderia usar esse tempo para estar na escola. Sua patroa apoiava a ideia de sua volta para a escola. Ela ficou sabendo do projeto através de uma colega. Procurou obter mais informações, efetuou sua matrícula e começou a estudar. Como não tinha com quem deixar o filho, levava-o para a escola. Enquanto a mãe estudava, ele fazia seu dever de casa dentro da sala de aula.

Sua referência para o aprendizado das letras tem sido o filho. Maria Vilma acompanha atentamente as tarefas de casa que o filho traz da escola e afirma ter aprendido muito com isso. Sempre que pode, pega uma revista e tenta ler algumas palavras, sempre consultando o filho. Para ela, a ajuda do filho também pode ser muito útil para o aprendizado dele na escola. Maria Vilma procura sempre reforçar para o filho a importância do estudo e demonstra ter uma grande preocupação com o seu aprendizado.

Sua esperança com o curso é perceber que o seu tempo não foi perdido, que conseguiu aprender alguma coisa, ou seja, ler, escrever e contar sem precisar da ajuda de ninguém. Para ela, a experiência que vem vivenciando em seis meses de projeto tem sido muito importante. Afirma que tem gostado de todas as atividades que são desenvolvidas, mas, em relação à escrita, se preocupa com o processo de ensino que é desenvolvido. Em suas palavras:

> [...] a única coisa que eu acho diferente, é de não ser igual às outras escolas, sabe? Outra escola começa com o ABC, né? E lá no Projeto, não. Eles já começam com a leitura completa mesmo, sabe? Eu achei muito diferente nesse ponto aí. Lá num tem letrinha por letrinha, lá tem tudo junto.

A aluna abandonou as aulas em meados do segundo semestre. Não temos informações sobre a continuidade de seus estudos.

• Iracema

Iracema tem 35 anos, é solteira e não tem filhos. É irmã de Maria Vilma e também natural de Capelinha. Sua religião é Católica. Ela foi a segunda da família a vir morar em Belo Horizonte, depois da irmã mais velha. Diferente da irmã, ela procura manter um vínculo com a cidade natal, que visita anualmente. Sua intenção era mudar de vida, sair da roça e tentar a vida na cidade. Acompanhando os passos de Maria Vilma, chegou a Belo Horizonte, arrumou trabalho em casa de família como doméstica. Iracema conta que, desde que chegou, já passou por vários tipos de emprego. Trabalhou em mercearia, onde fazia as suas "continhas não muito grandona", em bar, mas na maior parte do tempo tem trabalhado como doméstica. Segundo ela, o fato de não ler nem escrever não era a causa do ganho ou da perda de um emprego, mas o segredo estava em "usar a cabeça", a partir das experiências que se vai adquirindo.

Quando trabalhava na mercearia, ela se orientava pelas embalagens dos produtos e não pelo nome. Desse modo, sabia dizer se havia ou não o produto. Já com o preço das mercadorias, não tinha dificuldades, pois ela verificava recorrendo à prateleira.

Sua grande vontade é de aprender a ler para realizar um sonho: ir à igreja e poder ler o folheto da missa. Ela chegou até a fazer uma promessa: quando estiver lendo, o primeiro texto que vai ler em público será o folheto da missa. Em suas palavras:

> [...] eu pego, né, o folheto, todo mundo lendo ali as orações, as rezas da missa: número tal pode procurar que ta lá. Então, eu sempre tive vontade de ver o que que ta escrito ali. Os números eu achava, a dificuldade num era achar os números, é saber o que que ta escrito no texto, entendeu?

Para Iracema, a leitura é fundamental; uma pessoa não pode ficar sem saber ler. Ela diz que saber escrever não é o problema, pois "sabe escreve... eu sei escreve qualquer coisa mais... o que que eu to escrevendo ali... eu tenho que sabe a lê, né?". Iracema não assinava o nome; atualmente diz que ainda não assina direito, treme muito, fica insegura, mas relata, orgulhosa, que não precisa "bater o dedão". Vem melhorando a cada dia. No cotidiano, lembra sempre do ditado que a mãe lhe dizia: "quem tem boca vai a Roma". Com essa concepção, ela procura lidar com as necessidades que surgem na vida cotidiana: quando precisa encontrar algum endereço, por exemplo, ela pergunta, pede informação. Diz não ter dificuldade para se aproximar das pessoas, pois o seu jeito extrovertido a ajuda muito: "eu converso que é uma beleza... sou muito communicativa". Apesar de ter essa facilidade em lidar com as pessoas, reafirma que:

> [...] já senti muita falta da leitura. Já senti até raiva por não ter. Pegar um papel e ver as coisas escritas ali e num ter condições de lê, se é alguma coisa importante ou se num é...

Iracema já passou por outras escolas, mas sempre permanecendo por um tempo curto. Ela reforça que é preciso muita força de vontade para estudar e trabalhar, pois é muito cansativo. Quando sua irmã conseguiu a vaga no projeto, no dia seguinte ela também foi fazer a sua matrícula. Ela afirma que tem sido muito bom estudar junto com sua irmã, pois, além de voltarem juntas para a casa depois da aula, servem de estímulo uma para a outra, compartilham as dificuldades e os avanços que julgam estar tendo nesses seis meses de projeto. Iracema já conhecia algumas letras do alfabeto quando entrou no projeto e está conseguindo, agora, juntá-las letras e ler soletrando algumas palavras. Está muito empolgada com as atividades que a escola promove e gosta, entre outras coisas, dos professores, do ambiente da escola, dos colegas de sala. Essa estrutura do projeto aumenta mais sua expectativa em relação ao aprendizado da leitura. A aluna abandonou as aulas em meados do segundo semestre, e não temos informações sobre a continuidade de seus estudos.

Neste capítulo, procuramos contextualizar o projeto, o agrupamento de alfabetização, seus professores e alunos. No próximo capítulo, analisaremos os discursos sobre a leitura e a escrita, procurando apreender os valores que a elas são atribuídos pelos sujeitos e perceber a influência desses valores no processo de construção do letramento no contexto do projeto.

O discurso sobre a leitura e a escrita

Entendemos que o termo discurso é mais amplo do que somente a linguagem em uso; é uma categoria de análise que permite apreender as representações que influenciam a ação dos sujeitos, o modo pelo qual, eles se inserem na cultura da escrita e constroem sua condição letrada. Dessa forma, os sujeitos da pesquisa, ao relatarem aspectos de sua vida e experiências concretas vivenciadas em situações que envolveram a leitura e a escrita, nos permitem compreender, entre outras coisas, as influências desses significados no tipo de letramento que é construído no projeto.

Algumas questões nortearam a análise dos dados: quais são as expectativas que os sujeitos possuem a respeito do que a leitura ou a escrita podem fazer ou fazem por eles? O que eles podem fazer com a escrita? Por que aprender a ler e a escrever? Apreender o que os sujeitos pensam que é a escrita, suas expectativas e o modo como eles se apropriam dela nos permite, entre outras coisas, estabelecer relações com aquilo que o projeto tende a possibilitar aos alunos.

De maneira geral, pudemos perceber, através dos dados coletados nas entrevistas e da observação participante, um conjunto de expectativas, crenças e valores que são atribuídos ao sistema de escrita e à sua aquisição. Como veremos a seguir, esses elementos vão sendo definidos através das relações sociais e das práticas que constroem a experiência dos sujeitos.

A análise desses elementos está organizada da seguinte forma: num primeiro momento, procuramos responder à questão: *o que os sujeitos fazem com a escrita?* Num segundo momento, enfocamos os valores que os sujeitos atribuem à escrita e, por último, analisamos como esses sujeitos veem o aprendizado. É importante ressaltar que esses três momentos não estão rigidamente divididos, podendo estar se articulando e se complementando. Essa estrutura adotada para a análise representa uma das formas possíveis de compreensão dos discursos.

Os usos que os sujeitos fazem ou pretendem fazer da escrita

Essa questão direciona a nossa atenção para as falas dos sujeitos relacionadas às suas ações cotidianas. São nos espaços domésticos, de lazer, de trabalho, de participação social e política, por exemplo, que se constrói ou se reforça um tipo de relação com a escrita. O discurso dos sujeitos, em torno do emprego ou não da escrita, nesses espaços, e suas expectativas sobre os usos foram captados a partir das entrevistas semiestruturadas e das inúmeras conversas informais durante o período de realização da pesquisa.

Pudemos identificar, de modo geral, um discurso bastante positivo dos sujeitos em relação ao uso da escrita. Eles buscam, de uma forma autônoma, fazer efetivo uso da escrita em situações da prática. Esse uso está relacionado também a aspectos menos instrumentais, tais como: entretenimento, lazer, busca de conhecimento.

Soares (1998, p. 21), ao discutir as condições sociais da leitura, ressalta a visão unilateral que vem predominando nas pesquisas em relação ao emprego da leitura. Nessa visão, as classes dominadas percebem a leitura "pragmaticamente como instrumento necessário à sobrevivência, ao acesso ao mundo do trabalho, à luta contra suas condições de vida", e as classes dominantes, por sua vez, a entendem como elemento de "fruição, lazer, ampliação de horizontes, de conhecimentos, de experiências".

Em nossa pesquisa, o fato dos sujeitos fazerem uso da escrita, em determinados contextos do dia a dia que envolvem a resolução de situações como, por exemplo, anotar um recado, copiar uma receita culinária, assinar o nome, anotar um endereço, enviar uma correspondência, representa para os mesmos, acima de tudo, a conquista de uma autonomia em relação às pessoas mais próximas. Em outras palavras, esses aspectos, considerados os mais instrumentais do uso da escrita para os alunos, não são vistos como algo negativo, ou mesmo limitado, restrito. Maria Cardoso, uma das alunas com mais tempo no projeto, já consegue ler de modo pausado diversos portadores de textos. Ela comenta como busca resolver situações que envolvem a escrita no espaço doméstico; em suas palavras:

> [...] quando eu vou copiar uma receita eu copio do meu jeito lá. Copio do meu jeito (risadas), depois as meninas (filhas) passam a limpo. É assim né? E vai. Ler receita, eu leio e entendo direitinho o que leva, o que num leva, meio copo, um copo, isso aí eu entendo. Consegui essas coisas sozinha, com a graça de Deus minha filha, porque meus pais, na roça que a gente morava, num tinha nem escola...

Ela fala com orgulho de suas conquistas, embora ainda conte com o auxílio das filhas. Ressalta o esforço pessoal no sentido de buscar romper com a dependência direta de outras pessoas para fazer uso da escrita em situações do cotidiano. Nessa perspectiva, Sebastião, outro aluno com mais de um ano no projeto, ao falar sobre os usos que faz da escrita, fez questão de lembrar que já teve uma forte dependência de outras pessoas mais próximas. Sua fala é veemente nesse sentido:

> [...] mais eu devo muita obrigação ao amigo que eu tive. Ele lia pra mim. Aí eu ia guardando. Tudo pedia orientação "como que eu faço". Ali eu guardava tudo aquilo na cabeça né? Era assim... (Sebastião)

Percebemos que essa dependência em relação a outras pessoas para fazer uso da escrita ou da leitura, na resolução de situações práticas da vida cotidiana, foi algo que pareceu ter impulsionado os alunos, de modo geral, ao longo de suas vidas, no sentido de desenvolverem outras estratégias em torno do uso da escrita que os tornassem menos dependentes, mais autônomos. Assim, o fato de não dominar a escrita não impediu, por exemplo, que Iracema, aluna novata no projeto, superasse situações nas quais a escrita parecia determinante. Ela, de modo bastante natural, lembrou as orientações de sua mãe, que tem como uma referência até hoje:

> [...] sobre andar, procurar algum endereço, eu perguntava as pessoas. Eu lembrava sempre da minha mãe, e lembro até hoje. Minha mãe sempre dizia pra gente: "filha, quem tem boca vai a Roma". E esse ditado, que gira o mundo todo até hoje: Quem tem boca vai a Roma. Quer dizer, quem tem boca é pra perguntar, é pra querer alguma informação. Então, às vezes, muitas coisas que eu precisava, eu saia, eu perguntava: "Há! Como que eu faço, eu preciso ir nesse lugar, eu to com esse endereço"... "Você sabe onde que fica essa rua?"... "Você sabe onde que fica esse número?" E foi indo sempre assim (Iracema)

Vemos, pela fala da aluna, que a oralidade é, então, o principal modo pelo qual esses alunos se apropriam da escrita nas situações cotidianas. Somado a esse instrumento de comunicação, o apoio à memória e às experiências vivenciadas também favorece o desenvolvimento de estratégias pelos sujeitos. Tais estratégias vão desde associar símbolos, comparar rótulos, marcas até memorizar lugares e situações, entre outras coisas. Maria Vilma, outra aluna novata, expressa essa capacidade de memorização das informações em sua fala:

> [...] eu não sei lê, eu não erro. Igual, por exemplo, um ônibus que eu pego eu marco direitinho, marco o lugar que eu paro. Sempre tem um ponto de referência, sempre eu tenho que marcar por onde é que eu passo pra não me perder, (risadas, ela lembra de um caso). Uai, uma vez que eu fiquei perdida minha filha, eu fiquei doida. (Maria Vilma)

A ausência da escrita influencia diretamente nas situações de trabalho, segundo a experiência de Iracema. O fato de não saber ler é explicitado em sua fala, de modo a demarcar a situação ou o estado no qual se encontra. Nessa condição, ela procura mostrar como fazia na prática para lidar com essa ausência no trabalho. A aluna se refere ao desenvolvimento da capacidade de memorização das informações para se orientar nas situações de trabalho. Em suas palavras:

> [...] na mercearia, se alguém me perguntasse alguma coisa, eu falava que não sei ler não e eu vou perguntar. Eu sei olhar um preço, mas as vezes me perguntavam: "Ha!... é tal mercadoria assim". Eu ia pela mercadoria, não pelo nome das embalagens, sabe? "Ha! eu preciso de uma coisa assim". Eu ia pela embalagem, pela mercadoria, não pelo nome. Me pergunta o preço é muito fácil, porque o preço né? Eu ia lá e falava: "é tanto". E assim foi indo. (Iracema)

A mesma aluna afirma que é possível se inserir no mundo do trabalho sem possuir habilidades de leitura e escrita. Ela considera de fundamental importância as estratégias que foi desenvolvendo, ao longo de suas experiências de trabalho. Isso permitiu que ela fosse ampliando seu contato com situações que envolvem a escrita. Ela afirma que ler e escrever não constituem obstáculos para se conseguir um emprego, como é frequente ocorrer:

> [...] ler e escrever nunca me atrapalhou a conseguir um emprego ou perder emprego por causa disso, graças a Deus. Eu já trabalhei em mercearia, sabe? Parece que você num sabia lê mais você tem que usar um pouco da cabeça também. Porque num é só você aprender não, você tem que usar um pouco daquilo assim, de técnica, de experiência que você tem, você tem que usar um pouco né? (Iracema)

Maria Vilma não tem a mesma percepção. Ela sente, diariamente no trabalho, as limitações impostas pela ausência da leitura e da escrita, o que faz com que tenha a memória como um suporte. A aluna narra, com ansiedade, a situação que vivencia no trabalho:

> [...] eu atendo telefone lá no meu serviço. Um recado pra minha patroa, eu tenho que ligar logo pra ela e passar aquele recado se não eu esqueço. Se eu não posso anotar eu acabo esquecendo. Quando é um nome mais difícil

> né? Eu envolvo demais na cozinha né, começa o meu pensamento a ficar né, outras coisas, quando eu chego lá pra dar o recado eu já esqueci do recado. (Maria Vilma)

Os sujeitos da pesquisa expressam, nos discursos, muitas possibilidades que buscam alcançar a partir dos usos que pretendem fazer da escrita. Essas possibilidades estão ligadas a aspectos menos instrumentais que envolvem a continuidade dos estudos, a autonomia diante dos contextos de uso da escrita etc. No que se refere à situação de trabalho, verificam-se dois discursos específicos. Os alunos que já estão aposentados expressam, como veremos a seguir, necessidades menos instrumentais de uso que pretendem alcançar com a escrita. Os demais, que possuem vínculos trabalhistas, buscam, prioritariamente, a melhoria das condições de trabalho.

Maria Vilma, que se encontra neste último grupo, demonstra uma grande preocupação com o seu futuro. Para ela, com o aumento da idade, a situação de trabalho tende a ficar mais difícil. Nesse sentido, a crença nos poderes da escrita sinaliza, então, a possibilidade de planejar outras formas de atuação:

> [...] a hora que a gente tiver mais velha a dificuldade é maior né? Eu preciso saber fazer alguma coisa dentro de casa. Fazer assim, aprender a fazer alguma coisa. Porque pra gente fazer alguma coisa de receita tem que saber olhar. Então, assim, pra fazer uma encomenda pra fora você tem que saber tudo. Por exemplo, um pão de queijo, saber a receita direitinho. Como é que eu vou aprender a fazer alguma coisa se eu não sei lê. Então eu tenho que aprende a fazer alguma coisa minha filha, tenho que estudar porque na hora que eu tiver assim, meus cinquenta e poucos, meus setenta, que eu não tiver trabalhando, não puder trabalhar. Mais você sabe que tudo, a gente tem que pensar nisso tudo pra depois a gente não perder o tempo né. (Maria Vilma)

O fato de estar aposentado faz com que Sebastião apresente outras projeções para o futuro. Primeiramente, pretende, através da escrita, dar continuidade ao processo de escolarização. Em seguida, como despertou o interesse para a informática, pretende fazer um curso com a expectativa de ampliar seus conhecimentos. Em suas palavras:

> [...] eu quero tirar o meu segundo grau. Depois do segundo grau, eu quero estudar mais um pouco né, fazer informática. (Você gosta de computador?) Eu num gostava não, mais eu estou vendo as pessoas tudo mexendo, eu to gostando, comecei a ficar interessado, então... é isso. (Sebastião)

Dos sujeitos da pesquisa, Iracema é uma exceção. Embora esteja inserida no mundo do trabalho, o que pretende fazer da escrita não tem a ver com aspectos instrumentais como a melhoria das condições de trabalho. A ausência da escrita a impedia de registrar suas poesias. Essa é uma das situações que pretende reverter assim que estiver fazendo uso efetivo da escrita. A aluna fala dos seus sentimentos diante da impossibilidade de registrar suas próprias poesias:

> [...] saber escrever, todo mundo escreve. Mas eu quero saber o que eu escrevi ali, uai num é mesmo? Eu gosto muito de poesia, adoro poesia, eu sabia fazer cada poesia, falar né, cada poesia. Então eu ficava doida querendo escrever aquela poesia pra guardar, que era uma coisa muito bonita que eu fazia!!... Morria de vontade de escrever ela mas, não sabia escrever. Então isso foi passando, foi indo até perder muitas das coisas que a gente sabia né.

O uso da escrita para o entretenimento, para o lazer, é uma possibilidade muito almejada para os sujeitos de modo geral, incluindo os que, como Iracema, estão no mercado de trabalho. Nesse sentido, verifica-se uma sensível mudança no discurso dos sujeitos. Estes não limitam os possíveis usos da escrita apenas aos aspectos instrumentais de uso, como aponta Soares (1998).

Em outros termos, os discursos dos sujeitos, sobre o que eles acreditam ser capazes de conseguir através do curso, apontam para um mesmo sentido, qual seja, o desejo de ler "bem" e escrever "correto", o de conquistar maior autonomia diante dos contextos de uso da escrita, o de ampliar o aprendizado. O que esses alunos esperam conseguir no projeto é fundamentalmente o domínio das habilidades de leitura e escrita. Em outras palavras, esperam tornar-se efetivamente pertencentes a uma sociedade letrada, com autonomia diante dos diversos contextos de uso da escrita. As opiniões abaixo, destacadas das entrevistas, explicitam essas expectativas.

> [...] eu falei assim, eu quero aprender, até no meio do ano eu quero está lendo alguma coisa sabe" [...] "eu vou a luta, eu vou até a hora que eu tive sabendo escrever pra não ficar dependendo de fulano, dependendo de sicrano, é tão ruim. A gente perde as coisas né? Então tem que ficar com esses cuidados todos. Depois eu quero mais pro futuro". [...] "É a minha esperança, igual eu te falei, deu sair de lá sabendo que o meu tempo não ficou perdido sabe? O tempo que eu entrei lá não ficar perdido, eu sair sabendo alguma coisa sabe... (Maria Vilma)

> [...] eu quero escrever corretamente. Se me da uma coisa pra eu escrever rapidinho, saber escrever. Num preciso de mais do que isso, aprendendo isso está bom demais pra mim (risadas), já está bom demais. (Cardoso)

> [...] a minha vontade era de aprender. Estudar mesmo. Ter uns bons estudos, aprender meu nome, a minha vontade é aprender escrever, ler, pegar um livro e sabe? Então a minha vontade é essa, agora que eu estou tendo oportunidade de ir pra aula todo dia, né? A minha vontade é de aprender mais. (Sebastião)

> [...] quando chegar no final, quero está sabendo mais de alguma coisa né? Até o final do ano, eu espero que daqui pra lá esteja aprendendo mais alguma coisa, lendo e escrevendo. Em casa num copio nada não. Quase não tenho tempo. Às vezes que eu fico aqui tentando, olhando alguma coisa, e quando eu estou com tempo fico escrevendo ali, alguma coisa ali, não conheço as letras não, todas não. (Maria José Ramos)

> [...] quando eu entrei pra li não sabia quase nada. Não sabia ler quase nada, e agora não, graças a Deus já leio né, alguma coisa". [...] "todo mundo que estuda começou

de criança, mas não pode de criança, vai depois de velho né? Tem muito pouco tempo e a gente está vendo que, abriu, expandiu, assim, a liberdade do adulto, das pessoas de mais idade estudar. [...]Gente! Esse povo vive a vida inteira trabalhando, trabalhando, trabalhando, não tem direito a nada. Nem escreve o nome né Marina? Tem hora que eu fico pensando é muita tristeza mesmo. Tem razão da pessoa ficar tão emocionada. O que me incentivou mais a ir pra aula, foi um dia que eu assistindo, eu vi um netinho pequenininho ensinando a avó escrever, sabe? E ela começou escrever e achou tão bonito que, pra ela não tinha coisa mais linda no mundo do que ver um menininho pequeno, o menino deveria ter uns oito anos, ensinando a avó escrever. E ela já estava escrevendo direitinho também. Eu falei: 'Meu Deus, se ele desse tamaninho está ensinando ela e ela está aprendendo eu vou entrar pra escola, vou aprender a lê'. (Odilia)

Pudemos observar que os usos que os sujeitos fazem ou pretendem fazer da escrita estão intimamente relacionados com suas vivências e com suas aspirações individuais construídas socialmente. Aos olhos de pessoas que já possuem a habilidade da escrita, tais aspirações podem parecer limitadas, mas, para esses sujeitos, elas adquirem um sentido especial, que é o de garantir que eles se vejam como pertencentes à sociedade letrada.

Os valores atribuídos à escrita pelos sujeitos

O discurso dos sujeitos, em torno dos usos da escrita, também atribui a esses usos um valor bastante positivo. Percebemos que os sujeitos concebem a escrita como mais uma possibilidade de interação.

Esse valor atribuído à escrita abrange significados que estão ligados a aspectos pessoais da vida dos sujeitos; tem a ver, entre outras coisas, com o fato de como os sujeitos se percebem na condição de analfabetos.

Para a aluna Iracema, as situações do cotidiano que envolvem a escrita se mostram bem mais desafiadoras. Ela afirma que as pessoas que dominam o código escrito ocupam um lugar privilegiado na sociedade letrada em detrimento de quem não possui esse domínio:

> [...] eu sou doida pra aprender lê, pra saber escrever alguma coisa né? Ás vezes, a pessoa te fala uma coisa você fica doida pra anotar isso pra não esquecer. Mas, escrever como se você não conhece as letras que encaixa ali né? Eu posso por qualquer letra, mais eu tenho que achar a letra que encaixa ali naquele poema, naquele bilhete né? Você pode ter certeza, a pessoa que sabe ler e escrever ela tem mais facilidade e mais possibilidade de caminhar mais pra frente e de saber mais do mundo, do que uma pessoa que não tem leitura e escrita, isso é provado.

Ao sistema de escrita e ao seu domínio é atribuído um valor de superioridade. De modo geral, essa superioridade alimenta o estigma de ser analfabeto. Esse estigma está profundamente marcado na trajetória de vida desses alunos e se manifesta a partir de traços comuns, bem característicos desse grupo. Em relação ao comportamento, por exemplo, e com exceção de Iracema, observamos que o discurso dos sujeitos expressa uma certa dificuldade de se comunicarem em público, inibição, timidez, pouca participação nas decisões do grupo familiar e em situações da vida cotidiana.

Como se pode ver, esse valor atribuído à escrita, para esses alunos, passa por uma forma de construção de uma autonomia diante dos contextos de uso. Eles esperam vencer as situações da vida cotidiana. Isso representa, principalmente, autonomia em relação às pessoas que estão mais próximas. Essa autonomia significa a superação de um estigma. Nesse sentido, há aspirações, expectativas, valores que os sujeitos atribuem ao domínio do sistema da escrita e, do ponto de vista pedagógico, por exemplo, precisam ser atendidos.

No trabalho, a escrita assume um papel importante. As atividades profissionais dos sujeitos, de modo geral, exigem habilidades que requerem usos extremamente restritos da leitura e da escrita. São ocupações manuais, assalariadas ou autônomas de subsistência, como empregada doméstica, pedreiro, costureira, entre outras. O tipo de ocupação parece ser determinante em relação à aproximação desse grupo com a escrita. Na situação ocupacional, descrita no capítulo anterior, dos seis alunos, dois estão aposentados, dois trabalham em casa e duas trabalham como doméstica.

Os depoimentos desses alunos, em relação ao trabalho, apontam para um discurso que valoriza positivamente a aquisição do sistema de escrita. Em outras palavras, apontam para a necessidade de obter oportunidades melhores de trabalho através da aquisição de habilidades de leitura e de escrita. Esses alunos têm em comum o fato de terem se inserido muito cedo no mundo do trabalho. Assim, ao longo de sua trajetória de vida, passaram por diversas ocupações que possibilitaram um tipo de envolvimento com a escrita e, ao mesmo tempo, a crença na escrita enquanto fator de melhoria das condições de vida e de trabalho.

Em relação à participação política, dos seis entrevistados, apenas um, Sebastião, teve uma prática mais efetiva. Como está dito no capítulo anterior, o aluno foi, por cinco anos, membro ativo do PcdoB, ao qual ainda se mantém filiado, além de integrar a associação de moradores do bairro. A condição de não estar apto a decodificar o código escrito não inviabilizou, para esse aluno, sua atuação em movimentos políticos. Se, por um lado, esses movimentos constituem-se em espaços de leitura crítica e reflexão sobre a realidade, por outro, desenvolvem estratégias que facilitam o acesso e o domínio dos discursos internos. É o caso de cartilhas, panfletos, jornais, entre outros portadores de textos, produzidos e veiculados nesses espaços. A dinâmica interna das reuniões prevê a leitura desses materiais por um integrante (coordenador) e a discussão política feita por todos do grupo. Desse modo, segundo Sebastião, todos participavam no grupo sem discriminação. Essa prática política contribuiu para que o aluno desenvolvesse habilidades típicas da cultura escrita, condição que mais tarde foi determinante em seu processo de escolarização.

A prática religiosa é notória nos depoimentos dos alunos como sendo um importante aspecto ligado diretamente à dimensão da vida pública, um espaço público de convívio frequente. Essa convivência faz com que o domínio da leitura bíblica se torne motivo de desejo para esses alunos. Sem fins instrumentais, mas voltado para as crenças e valores subjetivos dos indivíduos, o domínio dessa leitura também concorre para a autonomia individual e para a participação coletiva. Iracema expressa os valores que atribui a essa participação mais efetiva, que representa, entre outras coisas, a possibilidade de, através da escrita, interagir com o discurso religioso:

> [...] o dia que eu tiver lendo, lendo mesmo, o primeiro papel que eu vou ler é ir à igreja e ler o folheto. Sempre tive vontade. Eu pego o folheto, vejo todo mundo lendo ali as orações, as rezas na hora da missa né? Os números no folheto eu achava, a dificuldade não era acha os números, eu acompanhava. É o que está escrito ali no texto entendeu. Então eu quero ler o texto".

Nos discursos dos sujeitos, a leitura e a escrita assumem um valor positivo que envolve a busca de maior autonomia ou independência em relação aos contextos de uso da escrita. Essa pressupõe a ampliação de uma mobilidade social dos sujeitos em relação à própria inserção nos espaços públicos, nas relações de trabalho, na participação política, religião, lazer etc. A possibilidade de escolha e de efetiva participação em outros espaços sociais, que não só a família, é uma condição buscada pelos sujeitos a partir de sua gradativa apropriação do código e interação com o mundo da cultura escrita.

Visão dos sujeitos sob o aprendizado

O aprendizado da escrita envolve todos os significados já discutidos até aqui. Eles também exercem influência na construção de um tipo de letramento.

Percebemos, nos discursos dos sujeitos, que, basicamente, esses alunos vão se relacionando com o sistema de escrita através de instrumentos da linguagem oral em práticas relacionadas à oralidade, como a leitura em voz alta e a memorização.

Podemos apontar dois discursos bem específicos em torno do ensino da leitura e da escrita: o discurso dos alunos e o do projeto. O primeiro se constrói a partir de experiências significativas vivenciadas, na maioria das vezes, fora do espaço escolar. Essas experiências, determinantes na trajetória de vida de cada sujeito, têm em comum fortes traços de um modelo de escola e, consequentemente, uma visão do aprendizado da leitura e da escrita pressuposta para o sujeito. O segundo corresponde ao discurso especializado dos profissionais do projeto pesquisado. Relaciona-se com a fala autorizada, construída e legitimada a partir de uma correlação de forças entre os membros do projeto, que organiza o que, como e quando é preciso ensinar.

O DISCURSO DOS ALUNOS

O discurso dos alunos, sobre a dimensão do aprendizado da leitura e da escrita, é pautado no modelo tradicional escolar de ensino. Nesse modelo, como aponta Chartier e Hébrard (1995), os métodos pedagógicos aplicados privilegiavam a memorização, a cópia de textos, a leitura em voz alta das letras do alfabeto, das sílabas e, posteriormente, de longas listas de palavras. Assim se concebia o aprendizado no qual a leitura e a escrita se constituíam, fundamentalmente, em objetos de ensino e não como instrumentos de um processo para se aprender a ler compreendendo o sentido.

Essa percepção se apresenta no discurso dos alunos a partir, principalmente, da forma pela qual foram se relacionando com o sistema de escrita e se inserindo nessa cultura. O modelo da cartilha tornou-se a principal referência para o processo de aprendizagem. Mesmo aqueles que não vivenciaram diretamente esse tipo de aprendizado puderam acompanhá-lo por meio do processo de escolarização dos filhos e netos. Assim, a observação e o saber prático desses alunos fundamentam o modo pelo qual concebem o aprendizado da leitura e da escrita. O depoimento de Odilia é expressivo nesse sentido:

> [...] nunca frequentei escola mesmo. Aprendi foi mesmo de vontade minha, de necessidade. Copiei o Abecedário

até aprender ele né? Ler, a gente decorava né, as letras. Mas o que adianta, você fala as letras sem saber quais que são elas né? Pois é, as letras eu sabia todas, mas na hora de escrever, perguntava se eu sabia fazer. Escrever o Abecedário não sabia. Com o tempo eu fui copiando, fui copiando, copiando e eu via onde tinha o Abecedário escrito num lugar, num livro dos meninos né? Eu pegava ali um papel qualquer, um caderninho velho e ia escrever.

Assim, percebe-se que o modo pelo qual se aprende a escrever se liga, fortemente, à ideia de exercitar a grafia de letras, palavras, pequenos textos etc. O ato de escrever é visto como um treinamento sistemático pelo qual o sujeito deve passar. Há uma forte crença de que, a partir da simples transcrição gráfica, se adquire uma escrita autônoma, ou seja, é como se a cópia por si só garantisse o domínio da escrita. Aqui, também a memória é bastante solicitada, pois essa prática assídua permite o conhecimento das letras, que mais se procura imitar do que compreender. Outro exemplo é o da aluna Maria Cardoso, que atribui à sua passagem pelo Mobral o aprendizado incipiente da leitura e da escrita. Ela demonstra em seus argumentos o quanto esse processo foi elementar, pois não permitiu uma apropriação efetiva da língua escrita:

> [...] eu entrei na escola muito pouco tempo quando eu trabalhava lá na minha terra. Aí eu estudava a noite, onde eles falava MOBRAL né? Aí eu entrei, eu aprendi esse pouquinho que eu sei. Eu fiquei lá um ano, por aí, lá eu aprendi o alfabeto, escrever o meu nome né, e ler. Mas escrever não desenvolvi muito não. (Cardoso)

De modo geral, o processo de compreensão do sistema de escrita foi sendo construído gradativamente pelos sujeitos ao longo de suas trajetórias de vida. Os alunos entendem que essa construção se dá, basicamente, a partir da junção de letras que, por sua vez, formam palavras. Diante de situações desafiadoras, impostas pelo aprendizado do sistema da escrita, os alunos comparam, levantam hipóteses e testam suas afirmações a fim de compreender sua lógica. As maiores dificuldades apontadas pelo grupo na relação com o aprendizado se referem à troca de letras.

Todos afirmam conhecer a maioria das letras do alfabeto. Apenas um dos entrevistados, ao falar sobre o aprendizado da escrita, apresentou dificuldades mais ligadas à pontuação:

> [...] o meu problema está em escrever, não consigo porque não sei onde põe acento nem vírgula. Isso aí é que eu não sei, qual a letra, o alfabeto eu conheço, já entrei na escola sabendo. (Cardoso)

Outro importante aspecto, observado nesse processo de compreensão do sistema da escrita, é que, em todos os casos, os depoimentos parecem sinalizar um certo autodidatismo dos alunos em relação ao aprendizado. Às vezes, com maior ou menor intensidade, os processos autodidatas são referidos em algum momento da trajetória de vida dos alunos entrevistados.

> [...] o meu nome aprendi sozinho, sabe? Algumas coisas assim, alguma letra do ABC, eu já sei, sabe [...] fui descobrindo as letra. (Maria Vilma)

Esse processo autodidata, expresso na aprendizagem da leitura e da escrita, também se verifica na pesquisa realizada por Ribeiro (1999), na capital paulista. Entre outros aspectos, a autora mostra em seu trabalho que a aprendizagem inicial autodidata é ainda uma realidade nos grandes centros urbanos do País.

Na dimensão da aprendizagem desses alunos, percebemos ainda, através das entrevistas e observações, que o pertencimento de gênero parece influenciar na relação com a escrita. As mulheres, maioria no grupo observado, buscaram com maior intensidade o contato com objetos escritos, tais como: receitas culinárias, nomes de remédios, entre outros. Esse contato se reflete na sala de aula, pois é visível uma maior interação das alunas do que dos alunos com as letras.

Os homens, ao contrário, apresentaram pouca intimidade com a cultura escrita. Esse fato parece se justificar a partir da trajetória de vida dos sujeitos, que, por longos períodos, desenvolveram atividades mais braçais, contribuindo para esse distanciamento da escrita. Embora as mulheres tenham em comum com os homens a inserção no mundo do trabalho, em ocupações que exigem usos bastante restritos da escrita, como já foi dito, as tarefas típicas do espaço doméstico somadas ao acompanhamento da escolarização dos filhos impulsionaram uma interação maior das mulheres com a leitura e a escrita.

Como já apontamos, os alunos possuem uma concepção do que seja o ensino da leitura e da escrita, e é com essa visão que eles retomam os estudos. A pesquisa mostrou que essa concepção parece estar em constante tensão com o modo pelo qual o ensino é organizado e ministrado no projeto.

Na entrevista, ao serem questionados a respeito de como percebem o aprendizado da escrita no projeto, os alunos apontaram aspectos divergentes em relação ao funcionamento, à dinâmica de sala de aula e à metodologia utilizada. Na opinião de Maria Vilma, é positivo o fato de haver dois professores em sala de aula trabalhando com a alfabetização; porém, a metodologia, que parte para um trabalho direto com o texto, é algo complicado para se acompanhar. Em suas palavras:

> [...] dois professores é bom. Enquanto um está falando o outro está ajudando, é muito bom. A única coisa que eu acho diferente é de não ser igual às outras escolas, sabe? Que começa com o ABC. Lá começa diferente né? Eles já começam a leitura completa mesmo. Então já é diferente. Eu achei muito diferente nesse ponto aí. Mas no outro lado eu achei bom porque eles esforçam pra ajudar a gente. Eles não deixam a gente quebrando a cabeça lá, eles ajudam a gente.

A mesma aluna explica o que seria o aprendizado em outras escolas nas quais ela afirma que "começa com o ABC". Essa forma de conceber o ensino da escrita é a referência mais geral que os alunos possuem.

> [...] lá não tem letrinha por letrinha. Lá tem tudo junto e a gente procura saber mais também. A gente procura entender o que a professora está falando e o que está escrito né? Igual, por exemplo, eu achei muito bom aquele dia, juntar as letras, completar as letras. Eu achei muito bom naquele

ponto também, sabe? Esse negócio de dois professores achei bom demais, eles vem perto da gente não deixa a gente perdido dentro da sala. Os filmes, o computador, ajuda muito também. Mas eu dou valor em tudo que eu estou fazendo, quem tem não da valor. (Maria Vilma)

Outra referência em torno do ensino da escrita que os alunos possuem é expressa na fala da aluna Maria Cardoso. Ela faz uma crítica à metodologia utilizada no projeto, pois entende que a cópia de impressos no quadro faz falta no aprendizado da escrita e o projeto não trabalha dessa maneira. Em suas palavras:

> [...] às vezes, que a gente está lá estudando eu fico pensando: "podia passar coisas pra gente escrever bastante pra treinar, né?" Às vezes é meio devagar nesse ponto aí na escola. Nesse ponto aí eu acho eles meio devagar. Podia passar coisas pra gente desenvolver bastante, escrever. O curso está bom não está ruim não, mas tinha que passar mais coisas no quadro pra gente copiar, escrever, pra gente desenvolver nossa caligrafia né? (Cardoso)

É importante ressaltar que o funcionamento do projeto, quanto à alfabetização inicial, ainda é um aspecto polêmico tanto para os alunos novatos quanto para os veteranos. A organização dos agrupamentos, que parecia não obedecer a um único critério, muitas vezes com os alunos da alfabetização enturmados em classes com níveis de leitura e escrita bastante superiores, era um fator inibidor que comprometia seriamente a aprendizagem desses alunos: eles já convivem com o estigma de analfabetos e se julgavam incapazes de aprender, de acompanhar as aulas dentro das condições dadas. Era preciso que os professores levassem em conta, na programação, a realidade específica desses alunos e organizassem um espaço para abordar, fundamentalmente, o ensino da leitura e da escrita. A evasão de muitos alunos em processo de alfabetização inicial e as reivindicações daqueles que ainda permaneciam no projeto por um espaço na programação para se trabalhar apenas a alfabetização levaram os professores a instituírem um agrupamento específico para a alfabetização inicial. Sobre esse processo, do qual Maria Cardoso se lembra muito bem, a aluna relata:

[...] igual quando eu entrei o ano passado nas outras salas, naquela mistura (risadas), você sabe pouco, você não consegue acompanhar as leituras igual os outros, rápido né? O difícil é isso que eu acho. Você não da conta de acompanhar. As vezes o professor nem sabe que você não sabe. Igual eu, eles nem sabiam que eu não sabia, mas agora eles já sabem. Já sabem de onde que eu sou, mas logo no início é difícil. Eu queria sair falei: "eu não vou voltar aqui mais não". Eu não queria voltar pra escola, de tanto aperto que eu passei, é difícil demais, não da conta de acompanhar os outros. E acaba você não lendo era nada porque você não da conta e acaba que você tenta ler pra poder andar rápido e não entende é nada, acaba não entendendo (sobre a forma de organizar por agrupamentos). Eu acho que isso atrapalha, eu acho que não ajuda a gente em nada não, porque a gente não consegue, é difícil. Eu acho que tinha que ter, assim, uma aula só pra gente mesmo né, desenvolver, só pra gente. Aí eu acho que é onde desenvolvia mais. Igual eu estou falando, a gente quase não escreve, até que hoje. Essa matemática está melhor um pouco porque é raciocínio, mais, é raciocínio. Mas o ano passado nós não sabia é nada mais, nada, nada, nada. Não escrevia nada. A Tuca nem voltou mais, quer dizer, se fosse uma aula só pra gente, estava cheio de gente. Mas está bom assim mesmo. Pelo menos melhor do que em casa, porque lá você está aprendendo. Quero escrever pra escrever de tudo, saber escrever né, que letra que eu vou por no papel... (mais isso você já sabe)... Não, não sei não. Não sei que letra que é, se é maiúscula se é minúscula, que letra que é. Eu troco, não sei qual letra que eu ponho, a letra certa. Do Mobral eu não lembro não. Sei que eu ia, a noite tinha uns livros lá, eu acho que tinha que ter uns livros pra gente treinar mais né? Porque o alfabeto eu aprendi foi nos livros, aí ficava estudando em casa, aí eu aprendi. Naquela época eu estudava em casa porque tinha no livro pra eu estudar. Por isso que eu aprendi também o alfabeto, o livro também ajuda. Só que no caso aí, tinha que acelerar mais com nós. Se tivesse uma sala só pra nós, né, tinha que acelerar mais pra gente desenvolver.

Assim, o tratamento dado às atividades de leitura e escrita nos agrupamentos, segundo a Maria Cardoso, não considerava as habilidades que cada aluno possuía. Aqueles que não conheciam minimamente o sistema de escrita acabavam por se tornar espectadores nas aulas. A aluna destaca a ausência de atividades envolvendo o uso da escrita como um aspecto negativo do projeto. Há uma forte crença na ideia de que quanto mais se escreve mais se domina a língua escrita. Por outro lado, ela reconhece um outro tipo de ensino: é o caso da matemática, voltado para o raciocínio de situações problema. Ela tem uma visão positiva desse trabalho que estimula a capacidade de pensar sobre o contexto. Outro aspecto importante a considerar é que, para essa aluna, o uso de livros para o aprendizado da língua escrita foi positivo. Ela chega a sugerir o seu uso como um suporte para o aprendizado.

Sebastião também participou desse processo no projeto. Ele entendia que participar das mesmas atividades em outras salas com alunos que já dominavam o código escrito não favorecia a aprendizagem. Um momento específico para esse aprendizado da escrita se fazia necessário. Em suas palavras:

> [...] é porque a gente não sabe ler né? A gente ficar numa sala em que todo mundo sabe ler e escrever, a gente fica perdido, né? Então, lá na época, falou pra gente ficar mais junto pra aprender escrever e ler. E nós ficamos juntos, tanto faz de leitura e escrita e matemática. Então nós ficamos mais juntos.

O mesmo aluno, diferentemente da opinião de Maria Cardoso, acredita que também é importante a interação das pessoas que se encontram em processo de alfabetização inicial com outras que já detêm o código escrito. Para ele, é um fator limitador ficar sempre na mesma sala com o trabalho de alfabetização. Em seu depoimento, apreender o ritmo da escola parece ser condição fundamental para desenvolver satisfatoriamente a aprendizagem:

> [...] eu gosto da escola, principalmente das professoras. As professoras ensinam a gente demais, senta perto: "é assim... é isso... está errado... então vamos desmanchar... vamos escrever de novo". Tudo com calma. Eu gosto. Esse mês agora a gente está muito na leitura e escrita. Acho

que a pessoa tem que pegar o ritmo da escola né? Porque ali se ficar na sala, vamos supor, os alfabeto fica na sala só dos alfabeto, ninguém conhece ninguém. Eu acho que tem que ir pra outra sala mesmo. Eu já tive muita dificuldade ali, eu acho bom mudar de sala, a gente tem que conhecer as pessoas também. Ficar junto só com pessoas que não sabe ler é não conhecer ninguém, não participar de nada.

O discurso dos alunos, em torno da dimensão do aprendizado da escrita, aponta elementos que influenciam, e até determinam, o processo de ensino vivenciado por eles. O grau de interação com a escrita, a visão de um modelo escolar tradicional de ensino, o processo autodidata no aprendizado da escrita e as expectativas (o que esperam conseguir) são alguns dos principais aspectos que buscamos pontuar aqui. Essas circunstâncias determinantes, como vimos, não se dão de forma homogênea, mas, sim, variam de aluno para aluno e concorrem para a construção de tipos de letramento diferenciados.

O DISCURSO DO PROJETO

Na dimensão do aprendizado, o projeto também apresenta características bastante singulares em torno das concepções manifestadas nos discursos. O discurso sobre o aprendizado da leitura e da escrita foi construído, por sua vez, a partir da prática vivenciada com os alunos. Nesse contexto, as diretrizes em torno do que se ensina, como é que se ensina e o que é preciso ensinar foram sendo sistematizadas, desde a criação do projeto, pelos professores e registradas em documentos e apostilas que contêm até depoimentos dos alunos que participaram dos primeiros escritos.

Pode se constatar uma enorme distância entre o discurso prescrito e legitimado, na visão do projeto, como o ideal a ser considerado no processo de alfabetização dos alunos e o aprendizado que se dá por meio da interação na prática em sala de aula. Percebe-se, por um lado, uma tensão constante entre o que se julga ser o ideal e o que de fato ocorre na prática. Essa tensão se deve, em parte, à própria estrutura e funcionamento adotados pelo projeto. Em decorrência do fato de não haver um único professor com a tarefa de alfabetizar, no projeto, aquele que, no início do ano, requisita para si essa tarefa, acaba por imprimir a sua própria concepção do processo, desconhecendo, às vezes, até as orientações já prescritas nos materiais. Uma das inferências que essa prática permite fazer é que não há nada definido; o processo de alfabetização é sempre reestruturado por aquele professor que assume a turma de alfabetização inicial.

Por outro lado, verifica-se a falta de um estudo mais aprofundado sobre o processo de alfabetização de adultos por parte de todos os professores do grupo. Na prática, percebe-se que faz parte das atribuições do professor assumir especificamente essa tarefa, decidir sobre as orientações a serem tomadas quanto à metodologia, à escolha de materiais a serem utilizados, ao desenvolvimento das ações, entre outras questões. Dessa forma, essas atribuições, frente ao processo de alfabetização dos adultos, são sempre tomadas em âmbito individual, o que compromete o discurso do próprio projeto que considera prioritária a ação coletiva dos professores.

Tomando por base o discurso prescrito, contido em documentos e apostilas, o projeto adota uma perspectiva em que a leitura não se restringe a decodificar o sistema de escrita. O ato de ler parece ser entendido de forma bastante ampla; ele diz respeito a toda e qualquer situação de leitura, seja oral, escrita, visual. O objetivo da leitura no projeto seria o de possibilitar aos alunos a compreensão dos sentidos de um determinado texto, como mostra o trecho abaixo:

> Formamos um leitor que atribui significado ao que lê. Esse leitor sabe, ou tem condições de saber, que o significado do texto não está todo dado pelo escritor, mas será dado, também, por ele. São leitores que conseguem demonstrar, de várias formas, que compreenderam um texto lido, que são capazes de atribuir sentidos ao texto lido e/ou vivido.

A direção que o projeto assume privilegia um tipo de leitura explicada, comentada, discutida. Nessa perspectiva, a escolha dos textos não obedece a uma progressão no que se refere ao seu grau de complexidade. A leitura tem o objetivo de, gradativamente, tornar os textos transparentes quanto à ideia que contêm e quanto ao significado. Ler, para o projeto, implica muito mais discutir o sentido do texto do que aprender a língua escrita. Assim, fazer descobertas lexicais, sintáticas ou estilísticas, por exemplo, estaria em segundo plano, ou a cargo da percepção do próprio aluno.

> É muito importante notar que os alunos que já possuem um determinado nível de leitura já conseguem expressar quais são, para eles, as dificuldades na leitura. Esse levantamento é feito através do diálogo com os alunos. Eles listam aquelas letras que não conseguem ler. Depois de um determinado trabalho eles voltam à lista inicial para verificarem que dificuldades já superaram.

De acordo com o trecho acima, observa-se, na prática de sala de aula, que os professores dão ênfase ao levantamento do diagnóstico inicial através do diálogo com os alunos. Busca-se com essa atividade detectar o nível de inserção que os alunos possuem na cultura da escrita. Quais as letras são ou não conhecidas, o que conseguem registrar além do próprio nome, por exemplo, são algumas das questões diagnosticadas que fornecem dados para o início da organização do trabalho de alfabetização. Mas, mesmo partindo do contexto de cada aluno, o projeto parece não conseguir organizar um ensino sistematizado que contemple as necessidades de aprendizagem detectadas a partir do diagnóstico. Percebe-se que isso se deve a vários fatores; um deles é a inconstância nos momentos destinados ao trabalho de leitura e escrita. O processo de aprendizagem é interrompido sempre que outras temáticas são colocadas como prioritárias pelos professores. Outro fator diz respeito às atividades não sequenciadas, como veremos no capítulo seguinte.

Em relação à escrita, o discurso prescrito afirma que "o texto é concebido como sendo toda e qualquer forma de expressão e a linguagem oral é o centro do desenvolvimento da expressão e o suporte para a aprendizagem da escrita". A partir desse entendimento amplo sobre a escrita, percebe-se que o projeto, na prática, centra suas atividades em debates, discussões sobre variados temas, relatos orais de experiências de vida dos alunos, entre outras ações.

A questão parece estar no modo como é conduzida a sistematização escrita dessas atividades. Assim como a leitura, esse registro escrito também não contempla a progressão do grau de complexidade na abordagem do sistema de escrita. Como consequência desse tratamento dado ao aprendizado da escrita, verifica-se a pouca orientação dos professores em relação à construção de regras e conceitos pelos alunos, pois essa orientação restringe as atividades, quase sempre, à discussão da ideia do texto. Nesse aspecto, é como se o aluno por si mesmo tivesse que descobrir o funcionamento do sistema de escrita a partir de suas inferências no contato com o texto. O trecho abaixo mostra como o projeto procura fazer o aluno se expressar por escrito:

> Num primeiro momento, o maior desafio nosso é convencê-los a tentar se expressar por escrito. Isso nem sempre é tarefa fácil. Mesmo os alunos que se comunicam oralmente com desenvoltura negam-se a escrever, temem o erro, envergonham-se dos equívocos cometidos. Para superar esses obstáculos oriundos da experiência de vida - pois a sociedade normalmente critica impiedosamente os equívocos, sejam ortográficos, sejam gramaticais ou semânticos cometidos por um indivíduo - criamos situações de escrita, as mais variadas, para que o aluno "distraidamente" se expresse através dela.

Tanto a leitura quanto a escrita encontram-se em toda a parte, na aula e no espaço social. Todos nós estamos cercados por uma infinidade de portadores de textos, como cartazes, painéis, rótulos, revistas, panfletos, jornais, entre outros. Para o projeto, todas as leituras, da mais técnica à mais geral, da mais utilitária à mais desinteressada, podem ser instrumentos para aprender a ler (podem conduzir ao aprendizado da leitura e da escrita). Nas orientações do projeto, textos de maior complexidade devem ser trabalhados da seguinte forma:

> No trabalho com textos mais complexos, prioriza-se a análise da estrutura formal dos mesmos, possibilitando ao aluno se apropriar dos referentes de escrita universais, ou seja, a identificação do título, o conhecimento gráfico de

parágrafos, o lugar (ou lugares) provável de se encontrar o nome do autor. Esse trabalho tem como objetivo fazer com que o aluno perceba que existem regras para se escrever um texto.

Para trabalhar palavras, primeiramente se escolhe aquelas que estejam ligadas ao assunto que vem sendo discutido no agrupamento. O sentido delas e o que representam também é motivo de discussão. O jornal, a revista e os informativos da escola ou da própria comunidade são os principais materiais utilizados para esse trabalho com palavras. Para o projeto, nesse tipo de trabalho:

> Os objetivos podem variar: procura-se desenvolver a compreensão da ideia de palavra e concomitantemente despertar a sensibilidade auditiva dos alunos para a sonoridade das mesmas. Pela forma e pelo som, os alunos vão construindo dia a dia o universo vocabular de seu curso. As palavras, inicialmente sons, viram gravuras, desenhos. As palavras inicialmente desenhos tornam-se sons. Com isso não se utilizam os chamados textos "fáceis". O aluno faz todo esse estudo formal e sonoro das letras e palavras com textos literários, científicos ou jornalísticos.

O trabalho com textos, no caso de alunos que não decodificam o sistema de escrita, deve ser conduzido pelo professor. Na orientação do projeto:

> Um dos obstáculos nesse processo inicial é o fato de que os alunos ainda não decodificam o texto escrito. A leitura é, então, feita pelo próprio professor que fornece as pistas espaciais e sonoras para que o aluno encontre as palavras que procura, estimulando a dedução. Fazem-se listas de palavras com sonoridade semelhante à que ele deve encontrar no texto, e assim um texto puxa outro texto, que puxa uma gravura, que elabora uma frase, que conta um caso, que escreve o caso que contou, que vira um texto que vai ser lido".

Essa é uma atividade muito comum realizada na sala de aula. Os professores buscam, nesse momento, fixar o sentido do texto fazendo inferências e estimulando a reflexão e compreensão dos alunos em torno do que está sendo lido. Para os alunos, essa é a leitura correta. A má leitura é aquela feita em particular, sozinho, sem controle, que leva, muitas vezes, a erros graves de interpretação dos quais os alunos se envergonham profundamente. O trabalho com as palavras, extraídas ou não de um texto (pode ser o próprio nome), também objetiva:

> o estudo e o reconhecimento do número de letras, o número de sílabas, da letra inicial ou final. Busca levar o aluno a compreender que as palavras são compostas de combinações de letras. Quando o aluno começa a perceber que as letras se associam aos sons, as primeiras referências sonoras que ele memoriza são as sílabas de algo que lhe diga respeito. Assim que o aluno passa a perceber a relação entre os sons e as letras, ele começa a generalizar e a desenvolver-se na leitura.

No discurso dos professores, o uso das habilidades de leitura é imprescindível em todos os aspectos, desde obter uma simples informação até para o lazer. Ao contrário do que enfatiza o projeto, para os professores o ato de ler pressupõe decodificar com propriedade o sistema de escrita se apropriando da informação, fazendo uso dela e relacionando-a com outros saberes acumulados.

A aprendizagem inicial das primeiras letras pressupõe, para os professores do agrupamento de alfabetização inicial, aguçar a percepção do aluno em torno das associações e confluências que o sistema de escrita permite fazer. Márcia, ao falar sobre a leitura e a escrita em seu depoimento, expressa também sua preocupação com o processo de aprendizagem dos adultos:

> [...] ele tem que dar conta de ler aquilo né, e dele vê que análise combinatória que tá ali. Porque na verdade eu entendo a leitura como um processo. A leitura do código, se você pensar na técnica e tudo é uma análise

combinatória, se eu junto isso com isso, isso com isso, isso com isso, aí vai. É lógico que tem todo um... né assim... que é feito com as crianças. Mas será que é assim mesmo com adulto?... (risada) Eu fico perguntando, será que é isso? Quer dizer, a gente tem um contexto. Hoje eu acho que isso é um desafio, hoje o Projeto tenta buscar colocar a alfabetização no contexto do adulto, mas e a forma da alfabetização? Nós não temos acúmulo nessa área, discussão nessa área.

A professora Carla, em sua entrevista, também expressa a mesma preocupação quanto ao modo pelo qual o aluno adulto se apropria do código escrito. Em suas palavras:

> [...] é que tem muitos anos que eu mexo né, tem mais tempo que eu mexo com alfabetização de criança e sempre, vamos dizer assim, essa coisa de como o adulto constrói esse simbólico, que já está tão facializado. Eu sempre tive essa curiosidade, como é que ele constrói? Como é que ele vê?

Essa preocupação quanto à forma pela qual o aluno adulto constrói cognitivamente o sistema de escrita faz com que os professores busquem suporte nas experiências profissionais que possuem com o primeiro segmento do ensino fundamental. Assim, ao organizarem metodologicamente os processos de aprendizagem, as referências são as relações que as crianças que estão em processo de aquisição da leitura e da escrita estabelecem com as letras.

Isso não significa uma infantilização dos conteúdos. Ao contrário. Atividades como cruzadinhas, texto com lacunas, caça-palavras, entre outras, são adaptadas ao contexto dos alunos adultos, considerando também o assunto que está sendo discutido em sala de aula. Esse esforço dos professores em buscar a melhor forma de trabalhar com o processo de alfabetização inicial dos alunos é permeado por muitas incertezas e angústias. O depoimento de Márcia é expressivo nesse sentido:

> [...] é... eu fico perguntado, será que isso é do mesmo jeito? Quer dizer, a gente tem tratado... em termos do... porque eu também não conheço e não tenho segurança pra está fazendo de outra forma. Nesse sentido, por exemplo, qual que é a forma que a gente faz, a forma técnica que a gente faz né, é... tem um contexto. Mas, você vai trabalhar, apresentar a letra pro sujeito, você vai mostrar pra ele. Aquele dia, eu estava tentando ver quem já tem alguma coisa mais pra frente e quem está agarrado nessa questão, de conhecer a letra, as combinações que existem, que som que faz, pra ele poder dá conta de ler aquilo que está escrito.

Fazer com que o aluno reconheça que possui saberes acumulados em relação à escrita, segundo Carla, é o primeiro passo para o aprendizado. Nas palavras dessa professora:

> [...] eu acho que é uma opção, desse Projeto, primeiro a relação de ver o indivíduo como um ser pensante, com consciência, dono de um saber que ele tem que saber qual é. A gente diz isso pra eles assim, por exemplo, às vezes, quando você vai fazer um agrupamento de matemática ele tem que imaginar o que ele sabe, que ele não sabe, de que jeito que ele pensou aquilo. Como que você pensou aquilo? Como é que você chegou nessa resposta? De que jeito você interpreta esse texto? Assim, *é lógico que a gente tenta textos politizados né, assim, tem essa preocupação. Mas o principal não é simplesmente o texto em si, mas, que leituras o sujeito faz. Assim, como ele constrói essa relação. Por isso que não anota, eu acho que não tem tanta anotação nem nada.* Porque, se ele percebe e ele consegue vô que movimento que ele fez pra fazer aquilo ali, por exemplo, quando o Alberto vira e fala assim, "uê... mais então eu sei muitas coisas". Aquilo já é um passo tão grande pra uma escala de consciência. Ele não precisa fazer uma avaliação dizendo que reconhece que sabe ler. Eu acho que muito dessa papelada que tem na escola, enquanto o processo, você não dá conta de acompanhar, não dá conta de perguntar pros alunos, não dá conta de ouvir deles. Não que a gente não trabalhe com

papel, rabisque, faça correção ortográfica, mas assim, isso é um complemento dessa relação de conhecimento e de autoconhecimento. Eu acho que essa é uma das barreiras que a gente tenta derrubar o tempo todo, quer dizer, você tem o seu caminho, quer dizer, e ele é um dos caminhos, não é só um oficial e através desse seu caminho você pode chegar a um oficial porque você tem capacidade. (grifos nossos)

No exemplo citado por Carla, no depoimento acima, o aluno chega a perceber e verbalizar para o grupo que, realmente, reconhece muitas letras, fato que negava anteriormente. Porém, essa constatação por si só não conduz ao aprendizado "oficial" da escrita, como se refere a professora. A seleção de textos politizados para a discussão e conscientização dos alunos é uma atividade que acaba ficando no nível da oralidade. Não se chega ao aprendizado "oficial" da escrita através do oral. Essa forma de perceber o aprendizado, relatada pela professora, de certo modo, considera pouco relevante um trabalho mais sistemático voltado para o registro escrito.

Como podemos perceber, não há uma convergência entre a proposta (instrução) do projeto, o trabalho desenvolvido pelos professores e as expectativas dos alunos. Quanto à dimensão do aprendizado, os alunos, ao se manifestarem sobre o método de ensino, guardam na memória procedimentos que conduzem à tarefa de associar sons, letras, formas, memorização de sílabas, que julgam ser o correto. Há uma cisão entre essa forma de os alunos conceberem o processo de ensino e a forma como o projeto conduz esse processo.

Em outras palavras, a análise dos dois discursos em torno do aprendizado da leitura e da escrita, dos alunos e do projeto, revela, então, uma oposição. Tanto o projeto quanto os alunos buscam coisas diferenciadas, ou seja, atribuem diferentes valores para a escrita. Ambos acreditam que a leitura e a escrita são necessárias, mas as razões pelas quais a escrita é importante é que são diferentes para os alunos e para o projeto.

Neste capítulo, com base na análise de conteúdo dos depoimentos, percebemos que os discursos dos alunos em torno do aprendizado da leitura e da escrita indicam, fundamentalmente, uma busca de autonomia diante das situações de uso da escrita. O discurso do projeto, embora busque valorizar as experiências dos alunos como ponto de partida para o aprendizado, acaba por imprimir outra direção ao processo. No próximo capítulo enfocamos os eventos de letramento, a fim de tornar visíveis as ações desenvolvidas em sala de aula.

Os eventos do letramento

O objetivo deste capítulo é descrever e analisar os eventos de letramento que a prática educativa do projeto tende a possibilitar. Esse conceito de *eventos de letramento* é entendido por Kleiman (1995, p. 40), como já se indicou, como as "situações em que a escrita constitui parte essencial para fazer sentido da situação, tanto em relação à interação entre os participantes como em relação aos processos e estratégias interpretativas". Apoiamo-nos nesse conceito de evento, buscando explicitar situações de trabalho com a escrita, organizadas no projeto, a fim de compreender o tipo de letramento que esse contexto permite construir.

O caminho adotado para essa análise foi a organização de um conjunto de aulas do projeto. Selecionamos as dez primeiras aulas do agrupamento de alfabetização e quatro aulas do agrupamento de memória. O trabalho que se desenvolveu com a escrita, seja como objeto de reflexão, seja como instrumento de interação, foi o principal critério para a seleção dessas aulas. Outro critério foi a seleção de aulas do início e do final de curso com o propósito de ter elementos para compreender o processo. Essa escolha se justifica, ainda, pela importância que o próprio projeto atribui ao texto e pelo fato de o texto prevalecer no processo pedagógico desenvolvido no projeto.

Nesse sentido, buscamos compreender, a partir do trabalho desenvolvido com a escrita na prática educativa, os critérios para a seleção dos textos e o tipo de abordagem que se fez com os textos, entre outros elementos. Isso permitiria, entre outras coisas, verificar o tipo de contato com a escrita que, de fato, essa experiência possibilita.

Para isso, este capítulo foi dividido em três partes. A primeira apresenta os textos utilizados nos agrupamentos de alfabetização e de memória e situa as aulas selecionadas no período de coleta de dados. A segunda apresenta e analisa as dez aulas do agrupamento de alfabetização, e a terceira parte apresenta e analisa as quatro aulas do agrupamento de memória.

O conjunto de textos e as aulas selecionadas

O quadro a seguir apresenta os textos, trabalhados no agrupamento de alfabetização[16], que foram possíveis de apreender no período de observação. As colunas: Título, Autor, Gênero, Temática, Esfera e Fonte especificam a natureza do material textual utilizado. Esses dados nos permitem, entre outras coisas, perceber o que se privilegia no processo de ensino.

QUADRO 5
Textos trabalhados no agrupamento de alfabetização

Título	Autor	Gênero	Temática	Esfera[17]	Fonte
a) Calourada deixa aluno paraplégico	—	Notícia	Acidente	Jornalística	Jornal *Estado de Minas*
b) Calourada deixa aluno paraplégico	Solange Bastos	Notícia	Acidente	Jornalística	Rádio Itatiaia
c) ABC do amor	Domínio público – Rubinho do Vale	Canção	Amor	Música popular	CD

---

[16] Ver Capítulo 2, Quadro: Sequência de atividades no agrupamento de alfabetização, para melhor relacionar com os textos trabalhados.

[17] Esfera é um termo cunhado por Bakhtin que se refere às situações comunicativas.

Título	Autor	Gênero	Temática	Esfera[17]	Fonte
d) Aventura da escrita: história do desenho que virou letra	Lia Zatz	Paradidático	Origem da escrita	Escolar infantojuvenil	Editora Moderna
e) Vereda Tropical	Nani	"Tira"	Humor	Jornalística	Jornal *Estado de Minas*
f) É uma partida de futebol	Samuel Rosa – Nando Reis	Canção	Jogo de futebol	Música popular	Editora Moderna
g) Pintar é escrever?	Lia Zatz	Paradidático	Origem da escrita	Escolar infantojuvenil	Sem identificação
h) Hoje tem futebol	Rosa Emília de Araújo Mendes	Poesia	Futebol	Literária	CD-room
i) Enciclopédia Multimídia da arte universal	—	Verbetes	O mundo pré-histórico	História	Editora Caras
j) História da escrita	Lia Zatz	Paradidático	Origem da escrita	Escolar infantojuvenil	Editora Moderna
l) A,E,I,O,U! Cadê?	—	Reportagem	As origens do alfabeto	Jornalística dirigida à criança	Jornal *O Estadão* São Paulo/1999
m) Alfabetizar: ler a vida em diferentes linguagens	Antigos alunos do projeto	Depoimentos	Processo de aprendizagem no projeto	Escolar	Projeto

Os movimentos que se realizam entre o professor, o texto e os alunos são produzidos a partir das discussões que ocorrem na aula. Para essa análise, enfocamos uma sequência de aulas específicas do agrupamento de alfabetização que se situa no início da coleta de dados e outra sequência de aulas que se refere ao agrupamento de memória e se localiza no final do segundo semestre, período final da coleta de dados. No quadro abaixo, podemos visualizar o conjunto de aulas selecionadas e sua distribuição no processo observado.

QUADRO 6
Sequência de aulas selecionadas para análise no período da coleta de dados

AULAS SELECIONADAS – ANO 2000																		
F	Março(*)			A (*)	Maio(*)			J	J	A	S	Outubro(*)			N	Dezembro(*)		
	A	D	N°		A	D	N°					A	D	N°		A	D	N°
	1	21/03	14	G	3	02/05	18					8	30/10	112		17	07/12	131
	2	22/03	15		4	03/05	19					9	31/10	113		18	11/12	132
					5	04/05	20											
					6	08/05	21											
					7	11/05	24											
					8	15/05	25											
					9	16/05	26											
					10	17/05	27											

(*) Meses nos quais as aulas selecionadas ocorreram; no mês de abril houve greve de professores.

A coluna **A** indica a quantidade de aulas do agrupamento, a coluna **D** mostra a data na qual ocorreu a aula, e a coluna **N** indica o número total de aulas dadas até então, ou seja, a quantidade de dias letivos no projeto. De acordo com as diretrizes metodológicas especificadas no primeiro capítulo, o número total de aulas no projeto foi de 146. Não foi possível precisar o número total de aulas do agrupamento de alfabetização acompanhamos sistematicamente a sequência de 59 encontros. Selecionamos destes as dez primeiras aulas, situadas ao final do mês de março e no decorrer de maio, como mostra o quadro acima. O agrupamento de memória se inicia ao final do mês de setembro. Escolhemos, então, duas aulas do mês de outubro e duas de dezembro, como se verifica no quadro acima. Os professores iniciaram suas atividades em 31 de janeiro, mas o primeiro dia de aula no projeto foi em 21 de fevereiro. Durante esse período, segundo um professor, os professores estavam se dedicando a outras atividades ligadas ao projeto. O agrupamento de alfabetização é formado ao final do mês de março. Em abril, os professores da rede municipal de ensino entraram em greve, e, consequentemente, os professores do projeto também aderiram ao movimento. As aulas reiniciaram em maio, com apenas 15 dias de férias em julho por causa da greve, e terminaram em 18 de dezembro.

A construção do letramento observada na experiência também sofre influências de outras ações fora do agrupamento de alfabetização. Essas ações ocorrem em outros agrupamentos programados simultaneamente no projeto, nos quais os mesmos textos também circulam com os mais variados propósitos: informar, formar, entreter, entre outros objetivos[18]. Os agrupamentos são programados por um tempo determinado. Ao final, ocorre uma avaliação do trabalho desenvolvido, e os professores verificam a conveniência ou não de sua continuidade, ao contrário do que ocorre com o agrupamento de alfabetização que é permanente. Em função dessa organização, percebe-se que o processo de seleção dos textos a serem trabalhados é mais direcionado pelo grupo de professores. A participação dos alunos nessa escolha de textos é pequena, pois o grupo de professores, no planejamento semanal das aulas, elege os textos que deverão ser reproduzidos para todas as salas.

Os alunos entrevistados também participam desses agrupamentos. Procuramos, durante todo o período da pesquisa, acompanhar os alunos da alfabetização nos encontros de outros agrupamentos a fim de perceber que tipo de texto é proposto, qual é o movimento realizado com esses textos e, principalmente, como os alunos observados interagem com a língua escrita nesses espaços.

O mapa a seguir apresenta os textos que foram possíveis de apreender ao longo do período observado, trabalhados com todos os alunos do projeto, em outros agrupamentos. Esses dados nos permitem, entre outras coisas, ter um panorama da organização do trabalho pedagógico desenvolvido, os fundamentos de pressupostos políticos, enfim, a formação pretendida.

---

[18] Ver Capítulo 2, quadro: PROCESSO DE COMPOSIÇÃO DOS AGRUPAMENTOS, para melhor relacionar com os textos trabalhados.

QUADRO 7
Textos trabalhados em outros agrupamentos

Título	Autor	Gênero	Temática	Esfera	Fonte
a) Entre tapas e beijos	Alunos	Depoimentos	Papel social	Escolar	Projeto
b) Raça e preconceito	Alunos	Depoimentos	Discriminação	Escolar	Projeto
c) Controvérsias afetivas	Alunos	Depoimentos	Relação	Escolar	Projeto
d) Origem	Alunos	Depoimentos	Diversidade	Escolar	Projeto
e) Ocupar... Ocupado? Ocupação!	Alunos	Depoimentos	Uso do tempo	Escolar	Projeto
f) O desemprego atormenta a vida do trabalhador	Alunos	Depoimentos	Emprego desemprego	Escolar	Projeto
g) Faixa etária	Alunos	Depoimentos	Idade cronológica	Escolar	Projeto
h) O robô traidor	Moacyr Scliar	Crônica	Tecnologia	Jornalística	Especial p/ a *Folha de S. Paulo* (25/07/93)
i) Robô ladrão é preso em flagrante	Fac-símile	Notícia	O crime	Jornalística	Jornal *Zero Hora*
j) Os 35 camelos	Malba Tahan	Paradidático	A negociação	Escolar	O Homem que calculava. Ed. Record
k) Vivendo a matemática: os números na história da civilização	Luiz Márcio Imenes	Paradidático	Origem numérica	Escolar infanto-juvenil	Ed. Scipione
l) O julgamento	Guimarães Rosa	Paradidático		Literária	Ed.Nova Fronteira (p. 241-264)

Os textos da letra A até G consistem numa produção coletiva dos alunos como resultado da sistematização das discussões em torno da ideia de identidade, trabalho realizado logo no início do ano. Os da letra H e I fizeram parte dos trabalhos desenvolvidos no agrupamento que inicialmente foi denominado de Leitura e Escrita depois passou a se chamar Jornal. Os textos J e K foram trabalhados no agrupamento de Matemática. Paralelamente a esses textos, os professores reproduziram uma apostila contendo diversas situações problema envolvendo números naturais e cálculo. Em relação às atividades mais gerais que envolvem todos os agrupamentos, destaca-se a exibição de filmes e dinâmicas. Os filmes exibidos foram: "Tudo ou nada", "A guerra do fogo", "O príncipe do Egito". Foram realizadas as seguintes dinâmicas na quadra da escola com todos os alunos: *Jornal falado*, *Jornal mural*, *Dinâmica dos signos*, *Tabuleiro vivo*, *Mensagem através de desenhos*. Essas atividades mais gerais estavam ligadas a uma temática desenvolvida nos agrupamentos. Nos agrupamentos de matemática, por exemplo, os professores organizaram um *Tabuleiro vivo*, ou seja, um jogo de damas no qual as peças eram os próprios alunos. A atividade foi um sucesso tanto para os alunos quanto para os professores.

Nesses agrupamentos havia, geralmente, dois professores em sala para conduzir as atividades. O número de alunos por agrupamento também é maior, aproximadamente 30 no total. O movimento desses professores em relação aos textos também é planejado previamente, ou seja, eles realizam as mesmas orientações. Estas podem ser modificadas em função do perfil dos alunos integrantes do agrupamento. Assim, o envolvimento, as discussões, o interesse pela temática, entre outros aspectos, determinam as estratégias utilizadas pelos professores. Através da observação participante identificamos duas ações recorrentes em qualquer atividade envolvendo textos: a discussão prévia sobre o assunto e leitura em voz alta e interpretação oral.

Apresento a seguir, através dos quadros de eventos, o trabalho desenvolvido a partir dos textos.

O texto no agrupamento de alfabetização

Os quadros de eventos que se seguem contêm algumas categorias de análise que nos permitem obter mais elementos sobre o que é feito com a escrita, a partir dos textos, na sequência das aulas. O foco desses quadros está nas ações desenvolvidas pelos professores do agrupamento. Os quadros estão divididos em seis colunas: Tempo, Texto, Suporte/Canal, Ação, Espaço Interacional e Função Pedagógica. A coluna Tempo apresenta a distribuição do tempo no período total da aula, o que permite verificar como ele é organizado. A coluna Texto indica os diversos tipos de textos trabalhados. A coluna Suporte/Canal identifica o suporte utilizado na interação no decorrer das ações da aula. O canal diz respeito ao oral e o suporte ao tipo de material escrito. A Ação se refere aos acontecimentos que compõem a aula, sejam eles previstos ou não. A coluna Espaço Interacional aponta o tipo de relação que se estabelece no discurso, ou seja, do professor para a turma, do professor para um aluno específico, de aluno para alunos. A coluna Função Pedagógica expressa a nossa interpretação em torno das possibilidades educativas/pedagógicas apreendidas a partir das ações. Os quadros informam ainda o número de alunos em aula e o intervalo em relação à aula anterior. Esse intervalo, de acordo com a organização do projeto, nos permite verificar a frequência das ações com textos e acompanhar o que é ou não retomado no processo de aprendizagem do agrupamento.

Aula 1

Nº de alunos: 6

Intervalo em relação à aula anterior: 1º encontro do grupo

Tempo	Texto	Suporte/Canal	Ação	Espaço Interacional	Função Pedagógica
30'	—	—	* Intervalo	—	—
25'	—	Oral	* Apresentação da professora e dos alunos. Cada aluno foi solicitado a falar sobre sua trajetória antes de chegar no projeto. * Esclarecimento da professora sobre o objetivo do agrupamento.	Professor ⇔ turma	* Conhecer os alunos, suas expectativas para com o projeto.
5'	Notícia de jornal	Folha mimeografada	* Encerramento da aula e entrega de uma folha mimeografada.	Professor ⇔ turma	—

Essa foi a 14ª aula do projeto no ano e a primeira do agrupamento de alfabetização. Como já foi dito, o tempo da aula no projeto está sempre dividido em dois momentos. A primeira aula do agrupamento se deu no segundo momento após o intervalo. Para Márcia, uma das professoras de referência desse agrupamento, esse primeiro encontro teve um caráter diagnóstico, no qual se buscou conhecer os alunos e saber um pouco mais sobre as suas expectativas. Ao mesmo tempo, ela se apresentou e explicitou o objetivo e a proposta de trabalho para o agrupamento. Essa apresentação não significou apenas dizer o próprio nome e de onde os alunos vieram. Ao contrário, Márcia conduziu a apresentação pedindo que eles falassem sobre como chegaram até o projeto, como tomaram conhecimento dele, quais eram suas expectativas, suas trajetórias de vida e de trabalho, o que já sabiam ler e escrever, entre outras coisas. A professora conduzia a atividade e fazia anotações em seu caderno simultaneamente. Após todos falarem, Márcia esclareceu para os alunos que o objetivo desse agrupamento é "estar se dedicando mais a leitura e à escrita". Ela utilizou eufemismos, pois, em nenhum momento da conversa com os alunos, foi mencionado que se tratava de um processo de alfabetização a ser desenvolvido, embora a ideia ficasse clara no nome dado ao agrupamento e os próprios alunos pareciam ter consciência do que precisava ser feito nesse espaço. A nosso ver, a atitude de Márcia foi de buscar, a todo momento, não reforçar a ideia de negação que o termo analfabetismo contém. Nesse primeiro encontro do agrupamento, o grupo de alunos teve a tarefa de trazer notícias que circulam no bairro (jornal do bairro etc.) e que são de seu interesse. Márcia entregou, no encerramento, da aula, uma folha mimeografada contendo uma notícia e informou que o assunto seria tratado na próxima aula, mas seria bom fazer uma leitura prévia. Após esse primeiro contato, a professora começou a traçar, baseado no depoimento oral e em suas anotações, um perfil inicial dos seis alunos presentes no agrupamento.

Aula 2

Nº de alunos: 09
Intervalo em relação à aula anterior: um dia

Tempo	Texto	Suporte / Canal	Ação	Espaço Interacional	Função Pedagógica
5'	—	—	*Chegada dos alunos em sala.	Professor ⇔ turma	—
5'	Jornal *Estado de Minas*	Jornal	*Apresentação da estrutura do jornal e exploração dos conhecimentos prévios dos alunos.	Professor ⇔ turma	Conhecer a estrutura do jornal.
5'	Notícia de jornal	Folha mimeografada Quadro-negro	*Introdução do texto e exploração de conhecimentos prévios sobre o assunto; *Leitura oral pela professora; *Cópia do texto no quadro pela professora; *Comentários sobre o assunto; *Numeração das linhas; *Leitura de partes do texto pelos alunos que desejaram; *Exploração de informação e de sua localização no texto e também de palavras ou partes de palavras e letras.	Professor ⇔ aluno	Compreensão do texto e exploração de conhecimentos sobre elementos do sistema de escrita.
36'	Notícia de rádio sobre o mesmo tema do texto anterior	Rádio	*Introdução do texto e exploração de conhecimento sobre a rádio e estação; *Escuta da notícia; *Exploração da notícia e de suas relações com o texto anterior.	Professor ⇔ aluno	Discussão sobre a informação e exploração de conhecimentos prévios.
40'	Notícia de jornal	—	*Exercícios de identificação de informação; *Número de letras que compõem palavras e comparação do número de letras, correção simultânea.	Professor ⇔ aluno Aluno ⇔ aluno Professor ⇔ aluno	Busca de informação no texto.
5'	Música "ABC do Amor"	CD	*Mesma atividade anterior e audição da música.	Professor ⇔ aluno	Descansar; introduzir texto a ser trabalhado posteriormente

Márcia chegou à sala, organizou as carteiras em semicírculo e testou o gravador. Iniciou a aula solicitando que um dos alunos contasse para os três novatos o que aconteceu no primeiro encontro do grupo. O texto "Calourada deixa aluno paraplégico" chegou à sala de aula por Márcia a partir de uma discussão anterior, na qual ela havia solicitado aos alunos que trouxessem notícias atuais registradas em panfletos, jornal comunitário ou em qualquer portador de texto. Os alunos atenderam à solicitação da professora, porém não trouxeram registros. Alguns comunicaram oralmente um fato recente que lhes chamou atenção. Ela, então, apresentou esse texto que narra um acidente com um aluno da universidade. Destacamos, através da observação participante, três movimentos que Márcia realizou em relação a esse texto: o diagnóstico em torno do nível de conhecimento dos alunos em relação à escrita, a exploração do material textual e a realização de atividades. No primeiro movimento, ela procurou diagnosticar a relação que seus alunos possuem com a escrita. Como todos haviam recebido uma cópia do mesmo texto, na aula anterior, ela os consultou sobre a sua leitura:

T(A)[19]		
1ª	P.:	...agora nós vamos fazer o seguinte então... éh... alguém leu esse texto em casa?...
2ª	Aluna:	Eu li...
3ª	P.:	Leu...(se dirigindo para outro aluno) você leu também?
4ª	Aluna:	Eu não sei.
5ª	P.:	Ah... ta.
6ª	P.:	Maria José...
7ª	Aluna:	Não.
8ª	P.:	Maria Cardoso...
9ª	Aluna:	Não... estou lendo agora.

Nesse primeiro tempo do trabalho (1ª), Márcia se dirigiu a cada um dos alunos indagando sobre a realização da leitura prévia do texto. Diante da resposta dada pela aluna em 4ª, Márcia agiu com naturalidade (5ª) prosseguindo com seu levantamento. Simultaneamente, ela realizou anotações em seu caderno. A partir das respostas dos alunos, a professora foi detectando a heterogeneidade, em relação à leitura e a escrita, apresentada pelo agrupamento, bem como as especificidades de cada aluno. O segundo movimento de Márcia foi no sentido de procurar fornecer aos alunos o máximo de informação possível a respeito do

---

[19] T: Refere-se aos turnos de falas que compõem as sequências da interlocução.

texto. Ela buscou contextualizá-lo quanto à sua origem, à função social, ao assunto, entre outros aspectos para os quais procurou chamar a atenção dos alunos. O trecho abaixo mostra esse diálogo de Márcia explorando a notícia de jornal e explicando a estrutura desse portador de texto:

T(A) 10ª	P.:	Éh... então podia fazer o seguinte... éh...nós vamos acompanhar a leitura desse texto éh... e... Maria Drumond vai lendo pra gente... tá... é um texto pequeno... ele tá no *Estado de Minas*... éh... ontem... que eu mostrei pro pessoal... essa notícia deu na rádio também... era na rádio Itatiaia... e depois eu encontrei no *Estado de Minas*... tava na primeira parte do *Estado de Minas*... e aí... esse aí é lá na chamada lá na frente do jornal... lá no meio do jornal... depois vinha a notícia maior... bem aqui ó (jornal na mão bem aberto mostrando a localização da notícia para os alunos) nós vamos enumerar as linhas aí... lá no título... onde tá escrito... éh... tá escrito com a letra... tá preto mais forte... a gente fala assim... em negrito... tá... aí... deixa eu só escrever o título aqui (escreve no quadro)... alguém viu hoje o jornal da rádio Itatiaia?...
11ª	Aluno:	Não.
12ª		(Alunos conversam sobre os jornais alguns instantes enquanto a professora passa a notícia no quadro)
13ª	P.:	Pronto (Termina o registro no quadro)...
14ª	Aluno:	É pra copiar...
15ª	P.:	Não... agora nós vamos ler... nós vamos colocar números nessas linhas tá... então o título... nós vamos colocar número 1 (um) aqui ó... na frente do título... aí agora nós vamos continuar... a linha de número 2... número 3... 4... 5... 6... 7... tá... (a professora percorre o circulo de alunos pra verificar a execução da orientação dada e dar assistência)...
16ª	Aluno:	É pra copiar?
17ª	P.:	Não... nós vamos primeiro ler... depois a gente...

O texto foi apresentado aos alunos de duas formas: através do artigo de jornal e o mesmo assunto veiculado pela reportagem da rádio. Márcia buscou, entre outros objetivos, perceber a capacidade de seus alunos em apreender a informação e verificar o nível de familiaridade que possuem com o suporte da notícia escrita e falada. Ela trabalhou, primeiramente, com o suporte jornal, passando no quadro o título do texto e seu conteúdo em letra de imprensa. Para incentivar os alunos, Márcia fez referência ao tamanho do texto dizendo que se tratava de um texto pequeno, como se vê em 10ª. No momento da leitura oral, para possibilitar o acompanhamento dos alunos, ela pediu que eles enumerassem as linhas do texto. Ela leu esse texto contextualizando o fato e buscando as impressões dos alunos sobre a situação ocorrida. Outros alunos que já decodificam o código escrito também foram incentivados a ler, em voz alta, a notícia, e os demais foram orientados a acompanhar cada linha.

Em (14ª) e (16ª), tornou-se evidente a forma "escolar" com a qual os alunos entendem o processo de ensino-aprendizagem da leitura e da escrita. Qualquer registro no quadro pressupõe cópia. Enquanto alguns perguntam a Márcia, outros, de forma deliberada, talvez pensando em não perder tempo, vão registrando no caderno o que é escrito no quadro, mesmo sem ter clareza das orientações vindas da professora. Por algum tempo, eles indagam, estranhando entre si, a resposta dada por Márcia de que não é preciso copiar o que está no quadro. Nesse momento, os alunos veteranos também auxiliam os novatos, pois já compreendem a lógica de trabalho dos professores.

Márcia passou a fita cassete com a mesma notícia gravada pela rádio Itatiaia. Todos escutaram atentamente. Como mostra a seguir, em 18ª, ela incentivou a turma a analisar o tratamento dado à informação, nos dois casos, a partir da pergunta: "Onde teve mais informações, o texto do quadro ou o do gravador?" Todos responderam quase ao mesmo tempo. Márcia registrou, em seu caderno, essas intervenções dos alunos. O trecho abaixo ilustra a condução que ela faz da discussão e as intervenções dos alunos:

1(A) 18ª	P..	Bom agora dá pra gente vê... éh... onde que teve mais informações... na rádio... ou aqui na escrita.
19ª	Alunos:	Na rádio.
20ª	P.:	Na rádio teve mais informações... que outras informações vocês conseguem lembrar que aconteceram... que a rádio deu... que esse texto aqui não tem.

21ª	Aluna:	Da família que ficou sabendo no outro dia né...
22ª	P.:	Ahn... aqui não fala disso né... han... que mais...
23ª	Aluna:	A família não tem condições né de... manter (...)
24ª	Aluno:	I... foi acidentado onze horas né...
25ª	P.:	Ahn... o horário que sofreu o acidente... que mais...
26ª	Alunos:	Tava alcoolizado... o hospital... (os alunos apontaram outros dados que não apareceram no jornal)

Em 20ª, Márcia reformulou a pergunta para que os alunos tivessem condições de fornecer mais elementos em relação às informações recebidas. Como se pode ver, nesse diálogo, há uma relação mnemônica dos alunos a partir da informação oral. A memória é um traço importante que os alunos desenvolvem. Ela é um instrumento ou, até mesmo, uma estratégia cognitiva que eles desenvolvem para lidar com a informação. Ao comparar as informações, os alunos conseguem distinguir satisfatoriamente as particularidades dos dois meios em que a mesma notícia foi transmitida. Escutar, guardar a informação na memória, comparar são recursos fundamentais para que esses adultos, com pouca ou até nenhuma relação com a escrita, possam sobreviver na sociedade letrada. Como já foi dito no capítulo anterior, essas habilidades se estendem a outras situações da vida cotidiana.

Um terceiro movimento de Márcia, em relação ao texto, foi orientar atividades de ensino da escrita abrangendo a execução das seguintes ações: identificar no texto o nome do estudante, o nome da escola (em qual linha se encontra a informação), identificar letras do nome do estudante que aparecem em seu próprio nome e, ainda, contar o número de letras que possui o seu nome. Observamos que os alunos desenvolvem com mais segurança o trabalho com as letras do próprio nome. Todos, no grupo, conseguem identificar as letras relativas ao próprio nome. A dificuldade é notada na forma de registro, como mostra o diálogo abaixo, no qual Márcia buscou orientar a escrita:

T(A) 27ª	P.:	É... a letra de forma... se não couber numa linha só... usa outro papel. (os alunos foram tentando executar a tarefa comparando letras).
28ª	Aluno:	Pode escrever com essa aqui? (apresentando pra professora a letra cursiva).
29ª	P.:	Eu queria que a gente escrevesse com essa letra pra depois a gente poder fazer uma comparação... (os alunos foram devagar perdendo a timidez diante do papel).
30ª	Aluno:	Não sei fazer essa letra não.
31ª	P.:	Então faz a sua letra aqui em cima óh... depois a gente acha uma outra letra tá...
32ª	Aluna:	Tudo errado... ficou tudo errado...
33ª	P.:	ahn?... por que... (neste momento a professora parte para um atendimento individualizado).
34ª	P.:	Pronto?... (chamando a tenção de todos os alunos) agora vamos comparar... vamos comparar... o nome...

Verifica-se, através do diálogo, que a professora pareceu estar mais preocupada com a execução da atividade do que com as respostas dadas pelos alunos, porque daquilo depende a tarefa posterior de comparar as letras. Apesar de Márcia não impor um tipo de letra como padrão ou, ainda, o correto, como se observa em 31ª, os alunos têm em mente uma forma que julgam ser a mais correta. Essa percepção dos alunos tem a ver com diversos fatores que vão desde a visão que possuem dos processos escolares de ensino até as formas sociais do emprego da escrita na sociedade letrada. Assim, o modo pelo qual as letras aparecem em faixas, letreiros, cartazes, por exemplo, serve de referência e adquire muita importância para esses alunos. Todos esses conhecimentos acerca da escrita estão em jogo, na sala de aula, nos momentos em que esses alunos são desafiados a registrar algo. Em relação ao trabalho com os nomes próprios dos alunos, apresentamos, a seguir, um trecho em que Márcia orientou uma atividade na qual eles buscam identificar as letras pertencentes ao próprio nome. De forma bastante descontraída, ela vai conduzindo as observações e as análises dos alunos:

T(A) 35ª	P.:	Tem alguém... que o nome... rima com João? Tem alguém aí que tem um nome que termina com ÃO? ahn... não tem ninguém?... pois eu vou falar pra vocês que tem uma pessoa aqui que termina com ÃO...
36ª	Aluno:	Eu né...
37ª	P.:	(Risadas/a professora vai anotando os nomes semelhantes no quadro) Se-bas-ti-ão... termina igual óh... né isso... termina igual... tem mais alguém com sobrenome que termina com ão aí? não né... e Luciano... tem alguém que começa com a mesma letra de Luciano... que tem um nome que começa também? (A professora soletra o nome do estudante para que os alunos façam associações)) Lu-ci-a-no... quem é... tem alguém aqui?
38ª	Aluna:	Lucí (pronunciando o próprio nome).
39ª	P.:	Lucí... ahn... as quatro letras de Lucí... tem na palavra... Luciano... tem mais gente aí?... uai... tem gente que tá dormindo de toca aqui uai... tem mais alguém?
40ª	Aluno:	ié eu...(risadas).
41ª	P.:	Lu-iz... Luiz... que também começa igualzinho o... Luciano... né... olha lá... vamos ver aqui... vou escrever aqui... Luciano... Lucí... e Luiz né... vamos caminhar mais, o terceiro nome do rapaz era Ferreira... tem alguém que tem o sobrenome igual a esse? Ferreira? Ninguém?... mas tem alguém que termina em EIRA...
42ª	Aluna:	Éh...
43ª	P.:	Ahn?... qual que é o seu sobrenome... qual que é o seu sobrenome.
44ª	Aluna:	Pereira.
45ª	P.:	(Soletrando, registra no quadro)) Pe-rei-ra... é isso... olha lá... EIRA...é aquilo?
46ª	Aluna:	É.
47ª	P.:	Ta igual o final lá olha... aqui... EIRA e EIRA... aqui tá escrito... Ferreira... e aqui em baixo... Pereira... tem mais alguém aí...
48ª	Aluna:	O meu tem.
49ª	P.:	O seu tem?... como é que é o seu sobrenome?
50ª	Aluna:	Oliveira.
51ª	P.:	O-li-vei-ra... aqui óh... também tem o EIRA... O-li-vei-ra... né isso... aqui oh EIRA...
52ª	P.:	Agora vocês vão fazer uma coisa... conta o nome que tem mais letras tá... vocês vão contar quantas letras... e vocês vão competir aqui agora... Quantas letras...
53ª	Aluna:	Só o primeiro nome?
54ª	P.:	Todo... o nome todo... completo... cada letra... é isso... conta quantas letras tem (os alunos estão contando e a professora dá assistência individual)... vamos ver quem vai ganhar né... eu não contei o meu ainda... já contou Rosa?... quantas?

A natureza da atividade permitiu que Márcia tivesse maior mobilidade na condução de ações que podem ou não estar previstas, alterando a ideia inicial do trabalho. É o que ocorre em

52ª quando Márcia, percebendo o envolvimento e a participação de todos, pediu que eles contassem o número de letras que possui o nome deles. Essa ação envolve a noção de quantidade. Alguns alunos apresentaram dificuldades em executar a tarefa e foram auxiliados pelos colegas. De modo geral, no trecho observado acima, o movimento dos alunos nas atividades de ensino propostas revela que aqueles que ainda não decodificam o código escrito conseguem fazer associações com as letras do alfabeto, além de identificá-las no próprio nome. A relação aparentemente espontânea na condução da atividade propicia um envolvimento bastante positivo dos alunos: tanto aqueles que se expressam mais quanto os mais tímidos fazem intervenções. Márcia encerrou as atividades envolvendo os nomes. Ela, em seguida, distribuiu a letra de uma música para os alunos e solicitou a atenção de todos para que observassem a letra. Foi um momento de descontração para todos. Após ouvir a primeira vez, ela explicou que a letra da música fala de todas as letras do alfabeto e perguntou se alguém da turma conhece. Os alunos ouviram mais duas vezes, e alguns procuraram acompanhar cantando. Márcia encerrou a aula e pediu que todos guardassem a letra da música, orientando que ela será utilizada em outro momento. Os alunos foram para o intervalo e, em um segundo momento, encaminharam-se para outros agrupamentos.

Aula 3

Nº de alunos: 05

Intervalo em relação a aula anterior: trinta e cinco dias (período de greve)

Tempo	Texto	Suporte / Canal	Ação	Espaço Interacional	Função Pedagógica
5'	Jornal	Jornal	*Chegada dos alunos em sala; *Distribuição de jornais para os alunos.	Professor ⇔ turma	Contato com o material.
15'	Jornais: *Estado de Minas*; *Folha de S. Paulo*; *O Tempo*; *Diário da Tarde*	Jornal	*Os alunos folheiam os jornais. *A professora pergunta aos alunos sobre os sentimentos que têm ao abrir um jornal.	Professor ⇔ turma	Perceber os significados que os alunos atribuem ao jornal.

1h	Cadernos do jornal	Jornal	*Exploração de conhecimentos prévios sobre o entendimento que os alunos possuem do jornal; *Explicação da professora sobre o conteúdo que é esperado em cada caderno de um jornal.	Professor ⇔ turma	Trabalhar com os alunos a estrutura de um jornal.
30'	—	—	Intervalo	—	—
45'	Cadernos do jornal	Jornal	*Recortar nos jornais todas as palavras iniciadas com a letra E; *Simultaneamente a professora fixou no mural da sala o nome dos jornais que estavam sendo utilizados; *Exploração de palavras ou partes de palavras e letras.	Professor ⇔ turma	Reconhecer letras e palavras.
5'	—	—	*Encerramento da aula.	—	—

Essa foi a terceira aula do projeto e a primeira do agrupamento de alfabetização após o período de greve. Percebemos muitas ausências de alunos, motivo de preocupação dos professores. Estes, reunidos antes do início das aulas, decidiram que o tema a ser trabalhado por todos os agrupamentos era o jornal. Com essa orientação geral de trabalho, Carla, outra professora responsável pelo agrupamento, não retoma as ações em torno da letra da música distribuída para os alunos na última aula antes do período de greve. No agrupamento de alfabetização, o jornal foi trabalhado de uma forma diferenciada dos demais; além de buscar perceber os conhecimentos prévios dos alunos sobre o assunto, privilegiou-se a escrita explorando os tipos de letra, a formação de palavras, de frases, entre outras coisas. Carla chegou na sala trazendo alguns jornais. Ela os expôs em uma mesa e solicitou que os alunos os folheassem. Nesse momento, ela perguntou para eles o que sentem quando estão abrindo um jornal. Alguns disseram que não sentem nada, pois essa não é uma prática comum. Outros falaram que se dirigem para as páginas de entretenimento. Houve quem dissesse, ainda, que observa apenas a fotografia estampada na capa. Após esse diálogo, a professora iniciou outra ação: pediu aos alunos que separassem os jornais que estavam presentes. Ela, então, mostrou as partes que um jornal contém e informou que essas partes têm um nome. Os alunos foram falando alguns nomes, e Carla retomou conduzindo o diálogo e indagando se alguém sabe o nome que representa as partes de um jornal. Confirmando a fala de um dos alunos, ela disse que as partes de um jornal chamam-se cadernos. Em seguida, ela foi mostrando cada caderno e o que eles contêm. Os alunos voltam, então, a manusear os diversos cadernos dos jornais presentes na mesa e a compará-los. Acontece um intervalo, e os alunos se dirigiram para o pátio e para o refeitório.

O segundo momento da aula foi com o mesmo agrupamento. Carla iniciou atividades de recorte com os alunos. Ela orientou que recortassem dos jornais palavras iniciadas com a letra E. Simultaneamente, foi fixando em tarjetas no mural da sala o nome dos jornais que estavam sendo utilizados: *Estado de Minas*, *Folha de São Paulo*, *O Tempo* e o *Diário da Tarde*. Observamos que os alunos localizavam com facilidade, nos jornais, as palavras iniciadas com a letra indicada por Carla, mas alguns não conseguiam decodificar o restante da palavra e outros não davam conta apenas quando se tratava de palavras com um grau maior de complexidade. Durante a realização da atividade, a professora continuou dando assistência individual aos alunos, atendendo às suas solicitações e fazendo registros em seu caderno. Todas as palavras recortadas pelos alunos foram recolhidas por Carla ao final da aula, encerrando, assim, as atividades da noite sem encaminhar tarefa para casa.

Aula 4

Nº de alunos: 7

Intervalo em relação à aula anterior: um dia

Tempo	Texto	Suporte / Canal	Ação	Espaço Interacional	Função Pedagógica
5'	—	—	*Chegada dos alunos em sala.	Professor ↔ turma	—
5'	Palavras do jornal iniciadas com a letra E	Folha mimeografada	*Entrega de uma folha mimeografada contendo as palavras recortadas do jornal pelos alunos (iniciadas com a letra E)	Professor ↔ turma	Comparar as palavras selecionadas.

50'	Palavras do jornal iniciadas com a letra E	Folha mimeografada	*Comparação de palavras quanto ao número de letras, letra final e inicial, semelhanças e diferenças em relação à letra cursiva e de imprensa; *Leitura de todas as palavras pela professora e alunos.	Professor ⇔ turma	Reconhecer letras; Exploração de conhecimentos sobre elementos do sistema de escrita.
25'	Frases com as palavras selecionadas	Frases no caderno	***Escolher uma palavra para criar uma frase;*** *A professora coloca uma música de fundo durante a execução da tarefa.	Professor ⇔ alunos	Uso da língua escrita.
20'	—	—	*Intervalo*	—	—
15'	Alfabeto	Letras em folha mimeografada	***Apresentação do alfabeto pela professora em letras de imprensa maiúsculas e minúsculas.***	Professor ⇔ turma	Identificação das letras. Exploração de conhecimentos prévios.
25'	Música	CD	*****Ao som de uma música, marcar as letras do alfabeto.***	Professor ⇔ turma	Identificação e memorização das letras do alfabeto.
5'	—	—	*Encerramento da aula.	—	—

Carla chegou à sala e, junto com os alunos, organizou as carteiras em semicírculo. Ela iniciou a aula relembrando aos alunos as atividades realizadas no dia anterior. Todas as palavras que foram recortadas fizeram parte de uma colagem feita por Carla antecipadamente. Ela tirou xerox da colagem e distribuiu para os alunos. Segundo ela, é uma forma de todos terem acesso ao conjunto de palavras que foram escolhidas pelo grupo. Os alunos aproveitavam o momento para perceber e comparar as palavras quanto ao tamanho e número de letras. Alguns buscaram, primeiramente, achar, na cópia xerox, a palavra que haviam escolhido. O principal movimento realizado pela professora, nessa aula, foi o de lançar questões para os alunos pensarem sobre as palavras que foram recortadas, entre elas: "Qual é a palavra maior e qual é a menor?"; "Quais palavras terminam com a letra A?"; "Quais palavras são semelhantes?" Carla solicitou que os alunos examinassem também o sentido das palavras, pois pediu que fossem assinaladas aquelas que não eram conhecidas. Cada aluno escolheu ainda uma palavra para criar uma frase. Durante a realização dessas atividades, ela manteve o som ligado, em volume baixo, com um CD de músicas suaves. Os alunos tiveram muitas dificuldades para compor as frases, embora Carla fosse a cada uma das carteiras acompanhando a execução da ação individualmente. Eles necessitavam escrever outras palavras para registrar a frase que haviam pensado e não sabiam quais letras utilizar. A atividade foi interrompida pelo intervalo e não foi retomada no segundo momento da aula. Do grupo de sete alunos, alguns escreveram uma frase, outros deixaram para tentar em casa e outros ainda não realizaram, caso específico de dois alunos do grupo que reconhecem apenas algumas letras do alfabeto. No segundo momento da aula, Carla apresentou outra folha mimeografada para os alunos, contendo o alfabeto escrito com letras de imprensa, maiúsculas e minúsculas. A tarefa consistia em marcar, no alfabeto, a letra solicitada pela professora. Ela encerrou a atividade informando que a tarefa prosseguiria na próxima aula.

Aula 5
Nº de alunos: 8
Intervalo em relação à aula anterior: um dia

Tempo	Texto	Suporte / Canal	Ação	Espaço Interacional	Função Pedagógica
5'	—	—	*Chegada dos alunos em sala.	Professor ⇔ turma	—
10'	Letras do alfabeto	Oral	*Mudança de sala de aula organizada pelo professor para outra que possui o alfabeto fixado no mural.	Professor ⇔ turma	Possibilitar a observação e a memorização das letras.
10'	—	Oral	*Retomada das ações feitas até o momento no agrupamento pela professora.	Professor ⇔ turma	Relembrar com os alunos as ações realizadas e apresentar o aluno novato.
15'	Música "ABC do Amor"	CD Folha mimeografada	*Audição da música, acompanhando através da letra.	Professor ⇔ turma	Acompanhar a seqüência, identificar e memorizar as letras do alfabeto.
40'	Lista de palavras acompanhando a seqüência do alfabeto	Quadro-negro	*Sublinhar as palavras principais em cada estrofe; *Relacionar letra inicial das palavras escolhidas com as letras do alfabeto;	Professor ⇔ turma	Associar letra/som; Correção ortográfica.

			*Registrar mais duas palavras iniciadas com a mesma letra; *Registro dessas palavras no quadro pela professora para os alunos copiarem no caderno.		
15'	—	—	Intervalo	—	—
15'	Nomes dos alunos	Folha mimeografada	*Entrega de uma lista contendo os nomes dos colegas – cada aluno havia escrito seu nome no estêncil a pedido da professora, que os reescreveu em letra de forma.	Professor ⇔ turma	Comparação tipo de letra manuscrita e forma.
5'	—	—	*Encerramento da aula, encaminhando como tarefa que os alunos escrevessem sobre o que estavam achando do trabalho desenvolvido até o momento.	—	Captar a percepção de alunos sobre trabalho.

Os alunos que chegaram primeiro à sala organizaram as carteiras em semicírculo. Ao chegar à sala, Carla informou que o agrupamento passaria a funcionar na sala ao lado por ter um alfabeto afixado no mural, o que, de certa forma, contribuiria com o desenvolvimento das próprias atividades relacionadas com a escrita. A mudança de sala ocorreu imediatamente. Essa aula teve a presença de mais um aluno novato. Carla retomou, inicialmente, todas as ações realizadas no agrupamento até o momento. A escolha do texto "ABC do amor" pela professora atendia a dois propósitos: primeiro, pela sequência do alfabeto que aparece no texto, como se vê no trecho a seguir, em 1b, e, segundo, por se tratar de uma música regionalista, possibilita trabalhar as lembranças que os alunos têm, por exemplo, da juventude, da vida no interior. Segundo Carla, esse texto constitui-se na letra de uma música em que o autor expressa diversos sentimentos, transpondo-os para a sequência das letras do alfabeto. A forma com a qual o autor estrutura o texto permitiu que a professora realizasse dois movimentos mais direcionados para o ensino do sistema de escrita, quais sejam: explorar a sequência das letras do alfabeto e realizar uma atividade. É recorrente na condução das ações de Carla a preocupação em contextualizar o texto a ser trabalhado. Esse foi seu primeiro passo para envolver os alunos com o que será solicitado posteriormente. Ela iniciou explicando qual era a música, quem era o cantor e verificando se alguém já tinha escutado, entre outros dados que busca coletar a partir do diálogo. O fato de se tratar de uma letra de música logo despertou o interesse de todos no grupo. Aqueles alunos que já conheciam a música, falaram sobre lembranças que ela lhes trazia. Todos ouviram várias vezes a música, e Carla foi explicando a estrutura que o autor utilizou para escrever, como mostra o trecho abaixo:

T(B)	P.:	Deu pra cantar... olha... eu tava com pressa de vocês
1b		terem essa letra dessa música sabe porque... (...) e aí eu queria pegar todos de uma vez... o alfabeto inteiro... e aí o Rubinho do Vale canta essa música que chama ABC do Amor... e tem todas as letras... de A... a .... Z... acharam todas as letras aí? A... B... ele fala assim... A letra A, alegria e amizade... A letra B, ... ahn... a letra B é do que (os alunos vão tentando decodificar)... brincadeira:::...
2b	**Aluno:**	E bondade
3b	P.:	É bondade... aí depois... a... letra... C... carinhosa e... e o quê?... e a letra D... desejar:::... desejar o quê? ... então vamos começar lá então lá em cima... você quer cantar?
4b	**Aluno:**	(a aluna canta novamente a música sem o auxílio do som)
5b	P.:	Então ele pôs... cada letra... numa linha tá... todas as frases... começam com a letra A... então... qual que é a palavra que tá repetindo aí?... toda hora fala assim... A... letra... não é assim?... vem escrito assim... A letra... aí tem o que é cada letra... A letra... aí ele vai falar de uma coisa... A letra B... ele vai falar de outra coisa... né isso? então vamo lá... quer escutar a música outra vez?... agora quem quiser... pode ir acompanhando e cantando tá...

Como se evidência em 3b, um primeiro movimento de Carla em relação ao ensino do sistema de escrita foi explorar oralmente, com os alunos, a sequência das letras do alfabeto que aparece no texto. Ela também chamou a atenção de todos para o mural, existente na parede de fundo da sala, que contém todas as letras. Os alunos observam as letras do alfabeto presentes na letra da música e procuram localizar no mural, além de comparar as palavras. Em relação ao aprendizado dessa sequência, verifica-se, através das respostas dadas pelos alunos às indagações de Carla, que eles têm conhecimento dessa lógica sequencial das letras do alfabeto. Os meios escolarizados de memorização dessa sequência foram apreendidos por todos os alunos.

Um segundo movimento da professora, em relação ao texto, foi direcionar uma atividade em que ela solicita aos alunos que sublinhem as palavras que são apresentadas pelo autor e criem mais duas que se iniciem com a mesma letra. Simultaneamente, orientou os alunos a registrarem as palavras no caderno. Observa-se que a atividade é a mesma para todos os alunos. Parece não ser considerada, aqui, a heterogeneidade em relação à escrita, existente entre os alunos e citada anteriormente. Em consequência disso, o movimento que os alunos fazem em relação à execução da atividade também apresenta ritmos totalmente diferenciados. Alguns alunos, que não decodificam o código escrito, por exemplo, se limitam a fazer cópia das palavras; outros só conseguem registrar com o auxílio de outra pessoa pegando no lápis para conduzir o registro, e outros, ainda, que se encontram em níveis mais avançados, criam outras palavras, mas as registram faltando letras. Mesmo tendo clareza desse movimento dos alunos em relação à escrita, Carla admitiu não conseguir dar uma assistência mais sistemática ao processo. Ela reescreveu, em fichas de cartolina, as palavras que foram sugeridas, pregou em uma parte do mural e finalizou esse trabalho com o texto. Em seguida, ela entregou uma outra folha mimeografada para os alunos, contendo os nomes de todos os componentes da sala. Cada aluno escreveu seu nome no estêncil, e Carla os reescreveu na frente com a letra de forma. Os alunos ficaram surpresos ao ver suas assinaturas em uma parte do papel e o mesmo nome escrito de forma diferente. Houve muitos comentários quanto ao tipo de letra, forma de assinar o nome etc. No encerramento da aula, Carla distribuiu um papel em branco e, como tarefa, pediu que os alunos escrevessem sobre o que estavam achando do trabalho desenvolvido até o momento. Alguns alunos perguntaram se podiam escrever o texto em casa. A proposta foi estendida aos demais alunos como tarefa de casa, e a aula foi encerrada.

Aula 6

N° de alunos: 10
Intervalo em relação à aula anterior: um dia

Tempo	Texto	Suporte / Canal	Ação	Espaço Interacional	Função Pedagógica
5'	—	—	*Chegada dos alunos em sala.	Professor ⇔ turma	—
15'	Mapa	Mapa do Brasil	*Os alunos são solicitados pela professora a se levantar de seus lugares, se aproximar do mapa do Brasil e acompanhar o trajeto de viagem feito pela professora; *Simultaneamente, a sala é organizada para a comemoração dos aniversariantes.	Professor ⇔ turma	Observação do mapa; Explorar a capacidade de localização e orientação através de mapas.
25'	Mapa	Mapa do Brasil	*Localização de estados e regiões; *Identificação de costumes locais; *Discussão em torno da realidade relatada pela professora em sua viagem.	Professor ⇔ turma	Informação e exploração de conhecimentos prévios dos alunos.
30'	—	—	*Comemoração do aniversário da professora e dos alunos do primeiro semestre.	Professor ⇔ turma	Integração.
15'	Músicas regionais	CD	*Escuta do CD; *A professora inicia uma discussão com os alunos questionado-os sobre o nome dado ao CD.	Professor ⇔ turma	Discussão temática.
20'	—	Oral	*Brincadeira com os alunos chamada "molho picante"; *Imitação de provérbios pelas duplas de alunos para que os outros possam descobrir.	Professor ⇔ turma	Descontração.
15'	"tira"	Xerox ampliado (Anexo 7)	*Introdução do texto e exploração de conhecimentos prévios sobre as ilustrações; *Leitura de partes do texto pelos alunos que desejaram; *Discussão sobre o sentido do texto.	Professor ⇔ turma Aluno ⇔ aluno	Discussão temática.
30'	"tira"	Quadro-negro	*Exercícios de identificação de palavras; *Registro de palavras no quadro pela professora; *Localizar na "tira" e sublinhar as palavras.	Professor ⇔ turma	Identificação de palavras.
5'	—	—	*Encerramento da aula orientando os alunos para ler a "tira" novamente e procurar descobrir de qual suporte textual ela foi retirada.	Professor ⇔ turma	—

Os alunos chegaram à sala e foram organizando as carteiras em semicírculo. O clima era de festa, pois fora combinado, entre as professoras Carla e Márcia e o grupo de alunos, uma rápida confraternização comemorando os aniversários dos alunos do primeiro semestre e, também, o de Márcia. Enquanto Carla fixava no quadro o mapa do Brasil, Márcia solicitava aos alunos que se levantassem de seus lugares e viessem até o quadro acompanhar de perto o trajeto da viagem que ela fizera. Ela mostrou para os alunos, no mapa, a localização do Estado de Tocantins, a cidade de Araguaiana, onde esteve a trabalho, explicou sobre a realidade dos índios da região e falou sobre o costume dos moradores da cidade de andar de bicicleta e moto, entre outras coisas. Os alunos ouviram atentamente. Márcia trouxe um CD de músicas regionais, chamado *Brasis: as canções de um povo*. Aproveitando esse título, ela iniciou uma discussão com os alunos sobre as possíveis intenções do autor: "Por que o autor colocou esse nome? Quem vai arriscar? Não se trata do Brasil?" Os alunos foram expressando suas opiniões diante das indagações. A questão da diversidade regional foi o eixo central do diálogo. Alguns alunos relataram fatos ligados à sua cidade de origem. Enquanto isso, Carla propôs fazer uma lista mais completa contendo os nomes dos alunos, data de nascimento e as cidades de origem, para que estas sejam localizadas por eles, posteriormente, no mapa. Ela conduziu uma dinâmica que parecia cumprir o objetivo de descontrair a turma. A dinâmica se chama "molho picante". Ela explicou as regras do jogo, e todos foram se envolvendo na brincadeira. Todos os alunos receberam um nome e, após um sinal de Carla, eles mudavam de lugar. Depois dessa dinâmica, mais uma brincadeira foi realizada. Dessa vez, tratava-se de pensar num provérbio ou ditado popular e representá-lo apenas através de gestos. Os alunos se envolveram muito na atividade, pois sabiam vários ditados populares. A dificuldade estava no momento da mímica. De modo geral, esses momentos de descontração contribuíram, a nosso ver, para fortalecer a integração do grupo, professores e alunos.

Após todos retomarem seus lugares, iniciou-se um trabalho envolvendo texto. O texto "Vereda Tropical" chegou à sala de aula apresentado por Márcia. Tratava-se de uma "tira" sobre o salário mínimo. O objetivo de Márcia, ao selecionar e trabalhar com esse texto, parecia estar voltado para três aspectos: o reconhecimento do tipo de texto, a discussão política e as atividades de ensino da escrita. O primeiro movimento que ela realizou com o texto foi explorar, entre outros aspectos, sua origem, autor e assunto além de captar as impressões dos alunos sobre o assunto. O trecho que se segue mostra esse diálogo entre Márcia e os alunos:

T(C)		
1c	**P.:**	[ ] Antes de começar... que tipo de texto que é esse aqui... esse texto aí...
2c	**Aluna:**	"Vereda Tropical"
3c	**P.:**	Que é o quê?
4c	**Aluna:**	"Vereda Tropical" que é o filme.
5c	**P.:**	Tinha uma novela chamada Vereda Tropical?
6c	**Alunos:**	Tinha... e era feia viu.
7c	**P.:**	Era?... de qual canal?... é que tem dez anos que eu trabalho a noite gente... (risadas)... aí eu não sei das novelas.
8c	**Aluno:**	Não perdeu nada... porque novela é o país de pobre
9c	**P.:**	ãnh...
10c	**Aluno:**	Novela é o país de pobre.
11c	**Aluno:**	Eu gosto das novela por causa das música.
12c	**P.:**	Essa Vereda Tropical aí né novela não... eu vou falar pro cês que não é novela.
13c	**Aluna:**	Né não?
14c	**P.:**	De onde que vocês acham que isso aí foi tirado?... e aí... cês sabem mais ou menos de onde nós tiramos isso aí?

Em 1c, Márcia formulou uma questão tentando captar dos alunos elementos em torno da origem do texto. Nesse momento, ela não fez nenhuma relação do texto com o jornal, e a atenção dos alunos se voltou para o título que, por sua vez, sugere outras associações, como mostra a interpretação da aluna e de Márcia em 4c e 5c respectivamente. A afirmação do aluno em 8c, que é novamente repetida em 10c, expressa um ponto de vista politizado diante da realidade, e Márcia não explora essa resposta. Ela desconsidera o ponto de vista do aluno para retomar a questão colocada e ainda não respondida, como se vê em 12c. Novamente reformula a pergunta para a turma em 14c; os alunos parecem dar pouca importância ao que é solicitado, pois a ilustração passa a ser o foco da atenção, observação e comentários de todos. Márcia fez perguntas, oralmente, em torno do que estava registrado no texto, buscando o entendimento do grupo. O trecho a seguir é expressivo:

15c	**Aluna:**	É o mosquito da dengue (rindo da ilustração).
16c	**P.:**	É o mosquito da dengue?... tá parecendo uma barata... e aí... duas baratas aí... será o que que as baratas tão dizendo aí... (muitas conversas, os alunos observam tudo e comentam) ô gente... o que que cês acham que tá escrito aí no primeiro... tem gente que leu... num leu... olha aí... então... podia ler alto pra Todo mundo né...
17c	**Aluna:**	Quem-está-satisfeito-com-o-aumento-do-salário-mínimo?... quem...
18c	**P.:**	Aí ta respondendo
19c	**Aluna:**	As baratas?
20c	**P.:**	As baratas... será porque que as baratas estão satisfeitas com o aumento do salário mínimo, gente?
21c	**Aluna.:**	Porque o dinheiro não dá nem pra comprar o chinelo pra matar elas (muitas risadas).
22c	**P.:**	Isso mesmo... e aí o que que a outra fala... e a outra... olha lá... o que que a primeira barata fala.
23c	**Aluna:**	Não dá nem pra... fazer dedetização pra matar elas.
24c	**P.:**	ãnh... a merreca não dá nem pra fazer dedetização... isso mesmo... ela tá superfeliz com isso né... e a outra aí no final ... ainda tem assim a barata lá na maior alegria... rá-rá-rá... ó ela fala três vezes aí... o que que ela fala três vezes aí.
25c	**Aluna:**	Rá-rá-rá

É interessante perceber aqui que esse procedimento de fazer antecipações ao texto e ao grupo foi recorrente na prática dessa professora. De modo geral, a interpretação de texto oral, ao mesmo tempo em que pretende mobilizar todos os alunos em torno de uma mesma resposta, um mesmo sentido, limita a participação daqueles que ainda não decodificam minimamente o sistema de escrita. Um exemplo disso é a pergunta de Márcia dirigida para toda a turma em 16c, que acaba por excluir a participação daqueles alunos que se apoiam apenas nas informações fornecidas pela ilustração. O segundo movimento que a professora realizou a partir do texto é uma atividade com palavras cruzadas. Ela pede que os alunos grifem quatro palavras, que servirão de referência para preencher um quadro posteriormente.

26c	P.:	Cês vão então passar um traço aí debaixo de AS BARATAS... as personagens dessa história aí são as baratas né gente... isso aí... como é que chama esse tipo de texto aqui ó... cês já lembraram...?
27c	P.:	(Atende individualmente uma aluna)...ó... agora nós vamos procurar aí ó... o primeiro balãozinho aqui ó... é... lá no primeiro balãozinho... vão procurar a palavra MERRECA... MERRECA começa com que letra... ME... MERRECA... no primeiro quadrinho.
28c	P.:	Agora a última... último balãozinho aí ó... CHINELA... começa com C... vou dar uma dica... começa com C... e também CHINELA também (rindo)... tem o som de X... é verdade... CHINELA... mas começa com C... é com C... parece X mesmo... mas engana... acharam aqui ó... CHI-NE-LA (registrando no Quadro a palavra)... agora... nós vamos circular o RÁ-RÁ-RÁ... mas nós vamos circular assim ó... nós vamos por os três RÁ-RÁ-RÁ numa bolinha só... isto rá-rá-rá numa bolinha só... circula.
29c	P.:	ChinelA e chinelO... que que muda...
30c	Aluna:	O O e o [a]
31c	P.:	Só muda o final né... (...) alguém já descobriu de onde nós tiramos isso...?

Em 27c e 28c, quando Márcia registrou no quadro as palavras, sem dúvida seria o momento ideal para esclarecer conceitos e definições acerca do sistema de escrita a partir das características que essas palavras apresentam. As explicações de Márcia, em 28c, por exemplo, onde esta explicita a relação arbitrária entre letra e som, são superficiais e não são retomadas em outro momento. O que se verifica durante todo o movimento realizado por ela foi a preocupação em garantir a compreensão e a execução do exercício. No trecho a seguir, Márcia fala do significado da "tira" e conduz a atividade com as quatro palavras que foram grifadas:

32c	P.:	Então vamo lá... vamo entender... esse desenho aqui... que nós tiramos do jornal... mostramos o jornal... então isso aqui que chama "TIRA"... é uma piada não é... quem lembra dessa história aqui... como é que era essa história aqui... quem lembra... quem lembra dessa piadinha aqui?
33c	Aluno:	Do salário.
34c	P.:	O título da "tira" é Vereda Tropical... todo dia sai uma vereda tropical... é o nome... que o sujeito lá... o autor ... que é o Nani tá... Nani... então todo dia no *Estado de Minas* sai um... ele conta uma piadinha... todo dia ele faz... ele ganha pra contar piada... todo dia ele manda uma tirinha pro jornal... fazendo piada com alguma coisa... nesse dia aí ele resolveu fazer piada com o salário mínimo né... ele fica lá pensando, matutando pra escrever pras pessoas acharem engraçado. [...] bom... aí agora vamos entender o que que tá escrito na frente do número dois o exercício aqui agora... o que que é pra fazer?... lê aqui agora.
35c	Aluna:	Colocar... as letras que falta.
36c	P.:	Han...
37c	Aluna:	Formar palavras.
38c	P.:	Para formar as palavras.
39c	Aluna:	Que foram... grifadas... no...
40c	P.:	Grifadas onde?... na...
41c	Aluna:	Na chiarge.
42c	P.:	Na "tira".
43c	Aluna:	Ha... é... na "tira" vereda tropical.
44c	P.:	Isso... então vamos lá... nesse primeiro retângulo aí... é um retângulo grande dividido em quantas partes? (os alunos vão contando os espaços)... uma... duas... três... quatro... cinco... seis... sete... ficou grande demais vou diminuir aqui ... sete (fazendo os quadrados no quadro)... agora me fala... tem alguma letra escrita aqui dentro?
45c	Alunos:	Tem.
46c	P.:	han... onde?
47c	Alunos:	no terceiro.
48c	P.:	no terceiro... um dois três... que letra que é?
49c	Alunos:	R.
50c	P.:	Tem mais alguma?
51c	Aluna:	No final E.
52c	P.:	No final E... depois tem um retângulo grande outra vez dividido em quantas partes?
53c	Aluna:	O mesmo tanto.
54c	P.:	O mesmo... um dois três quatro cinco... um dois três quatro cinco seis sete... han... tem letra aqui?
55c	Aluna:	Tem o R na terceira.
56c	P.:	O R na terceira?
57c	Aluna:	É.

58c	**P.:**	Han... que mais?
59c	**Aluna:**	O A no final.
60c	**P.:**	e o A no final... depois tem mais um retângulo né isso... dividido em quantas partes?
61c	**Alunos:**	Sete.
62c	**P.:**	O que que é pra escrever aqui dentro?... o que que nós vamos escrever aqui dentro?... é qualquer palavra com sete letras?... han?
63c	**Aluno:**	Não.
64c	**P.:**	Né não... então qual que é... que palavra que é?
65c	**Aluno:**	Tá aqui... ta na "tira".
66c	**P.:**	Quais que foram grifadas... vão ver... nós estamos procurando saber quais que foram grifadas... Quais?
67c	**Alunos:**	as baratas?... chinela.
68c	**P.:**	Han... chinela... as baratas... espera aí que eu escrevi muito mal chinela... vou escrever de novo... gente é hoje que o Atlético joga é?
69c	**Alunos:**	Não... amanhã... Quarta.
70c	**P.:**	Com quem que ele joga amanhã?
71c	**Aluna:**	Também não lembro não.
72c	**P.:**	O nosso timão vai jogar (outros comentários sobre o jogo) qual que é a outra palavra que nós grifamos aí?
73c	**Alunos:**	Rá... rá... rá... merreca
74c	**P.:**	Bom... agora... não são todas as palavras... aqui tem quantas... uma duas três quatro né isso... e aqui só tem três... então são só... três...... então agora nós vamos pensar... que palavra... que tem um R na terceira letra... e que termina com S... que nós grifamos... aqui ó... nós temos "baratas" aqui... "chinela" aqui... "rá rá rá" aqui... "merreca" aqui... qual que é dessas quatro... aqui é até uma expressão né... qual dessas quatro que pode ser a primeira lá de cima?

Em 35c, uma aluna iniciou a leitura da atividade a ser feita e foi acompanhada por Márcia. Nesse momento, verificam-se movimentos diferenciados dos alunos em relação à escrita. Alguns acompanham o que está sendo lido; outros esperam as indicações de Márcia, que reproduziu no quadro a atividade. Como se trata de uma atividade lacunada, alguns alunos, mesmo sem ter clareza do enunciado, sabem que os espaços terão que ser preenchidos com letras e que não se trata de qualquer palavra, como se vê em 63c. Eles comentam entre si que já presenciaram filhos ou netos fazendo atividades semelhantes. Márcia foi procedendo com essa atividade de escrita até preencher todos os espaços com as palavras propostas. Ao final da aula ela orienta os alunos a ler a "tira" em casa, novamente, procurando descobrir de que suporte textual foi retirada.

Aula 7

N° de alunos: 6
Intervalo em relação à aula anterior: dois dias

Tempo	Texto	Suporte / Canal	Ação	Espaço Interacional	Função Pedagógica
5'	—	—	*Chegada dos alunos em sala.	Professor ⇔ turma	—
30'	Nomes dos alunos	Folha mimeografada	*A professora entrega para os alunos uma folha contendo o nome de todas as pessoas que participam desse grupo e as respectivas datas de nascimento.	Professor ⇔ turma	Comparação da escrita dos nomes.
1h	Nomes dos alunos	Folha mimeografada	*Discussão sobre as letras dos nomes dos colegas; a professora escolheu os nomes com base no critério de semelhança; *Curiosidade dos alunos sobre a origem da escrita, como foi inventada; *Início de uma pesquisa.	Professor ⇔ turma	Perceber semelhanças; Trabalhar regras: letra, sílaba.
15'	Nomes dos alunos	Folha mimeografada	*Início do exercício de caça-palavras, atividade elaborada com os nomes dos alunos.	Professor ⇔ aluno	Fazer comparações/ associações.
—	—	—	*Encerramento da aula pedindo os alunos para não esquecerem as folhas em casa, pois será dada continuidade na atividade. No segundo momento da aula houve uma assembléia com os alunos no auditório.	—	—

Os alunos chegaram à sala de aula e organizaram as carteiras em semicírculo. Carla entregou para cada um da turma uma folha contendo o nome e sobrenome de todos e as respectivas datas de nascimento. Observando a folha, uma das alunas acredita que o seu nome está repetido. Márcia registrou no quadro os dois nomes completos em letra de forma e perguntou para a turma se estão ou não repetidos. Os alunos então perceberam através dos sobrenomes a diferença. O diálogo continuou em relação aos sobrenomes dos outros alunos. Carla explicou a lógica de uma lista telefônica, na qual reconhecer o sobrenome é fundamental para localizar a informação. "A ordem do alfabeto é que vai facilitar olhar no dicionário, no catálogo... porque tem uma ordem que dá sequência às letras... então, a ordem é aquela...", diz a professora, apontando para o mural na parede da sala, que contém o alfabeto, e todos se voltam para observar. Em voz alta, alguns alunos foram repetindo a sequência das letras. Uma das alunas explicou para a turma que conseguiu aprender essa sequência através de uma brincadeira com a casca da laranja, quando ainda era pequena no interior. No diálogo com os alunos, o principal movimento de Carla e Márcia foi o de questiona-los sobre a construção do alfabeto, ao mesmo tempo em que os conhecimentos prévios dos mesmos eram socializados. O trecho abaixo é ilustrativo:

T(D)		
1d	P.:	De onde que vem esse Abecedário?... essa história é longa.
2d	Aluna:	Desde que existiu a leitura.
3d	P.:	Sabem por que que chama ALFA... BETO? O que quer dizer alfabeto?
4d	Aluna:	Mais isso é quando começou a leitura...i...
5d	P.:	E o que você acha? (Apontando para outro aluno)
6d	Aluna:	Deus...
7d	P.:	Você acha que foi Deus?
8d	Aluna:	Eu acho que sim.
9d	P.:	Como é que Deus ia deixar essas letras pra gente?
10d	Aluna:	Porque se não fosse com ele né... ninguém aprendia
11d	P.:	Mas, aí como é que ele deixou as letras? Será que o mundo desde que ele é mundo... existe escrita... existe esse jeito de escrever? (...) o homem já morou na caverna... num foi assim... será que nessa época já existia esse jeito de escrever?
12d	Aluna:	Eu não sei como... eu que tinha vontade de saber qual foi a primeira pessoa que escreveu no mundo.
13d	Aluno:	Deus deu inteligência pra pessoa saber a ler... saber fazer um número. Qualquer um aí e fazer...
14d	P.:	Pois é, mas quem inventou isso aí... desde quando isso é usado?
15d	Aluno:	Desde os antigos
16d	Aluna:	Pois é, mas qual dos antigos... eu queria saber o primeiro que escreveu o A lá e... oi... deu certo (muita risada a partir dos comentários gesticulados da aluna).

17d	P.:	Quem mais quer fala o que acha?
18d	Aluna:	Foi Jesus não?
19d	P.:	Jesus... o que que você acha? (apontando para outra aluna).
20d	Aluna:	Há... eu não sei... eu acho que veio de outro país.
21d	P.:	Que outro país que veio?
22d	Aluna:	Quem escreveu é que devia saber.
23d	P.:	Você tem uma idéia de onde isso pode ter vindo? de onde você acha que veio essa escrita...
24d	Aluna:	Eu queria saber qual que é o primeiro... o primeiro que fez a primeira letra... a primeira letra que a gente escreve é o A né.
25d	P.:	Eu não... a primeira letra que eu escrevi foi o B do meu nome.
26d	Aluna:	Qualquer nome... qualquer nome que vai se formar... junta as letras todas pra formar um nome... eu queria saber... né... quem é que inventou...
27d	P.:	Quem pode ter inventado... isso será que foi tudo inventado num dia só desse jeitinho aí... do jeito que a gente tá vendo hoje... e por uma pessoa só?
28d	Aluna:	Acho que foi... pra mim foi...
29d	P.:	Nós vamos ter que pensar um pouco nisso... será que um homem sozinho conseguiu inventar num dia... só com um dia ou com um ano que ele gastou...
30d	Aluna:	Desde o início do mundo tinha gente que sabia escrever, senão essas histórias não vinha por escrito... desde o início do mundo já tinha escrita ué...
31d	P.:	Mas será que a escrita do início do mundo é igual à escrita que a gente tem ali...olha... de hoje?
32d	Aluna:	É... não é com a letra caprichadinha igual a gente escreve hoje não...
33d	P.:	Então nós vamos ficar com essa situação... nós vamos ter que pesquisar um pouco pra saber como é que foi. Onde que nós podemos buscar isso... será onde que nós podemos buscar essa informação?

Os alunos se envolveram na ideia de pesquisar o surgimento da escrita. Várias opiniões foram dadas em relação às possíveis fontes de investigação. Carla e Márcia se comprometeram em trazer para a sala de aula, nos próximos encontros, livros, filmes, que também pudessem ajudar na discussão. Outras questões para serem investigadas também foram surgindo, como, por exemplo, se em todos os lugares do mundo se usa essa mesma letra que conhecemos. As questões foram anotadas para serem retomadas em outros momentos. Ela entregou para os alunos uma folha de exercícios. Um deles trata de um caça-palavras elaborado contendo os nomes dos próprios alunos da sala. Márcia explicou a atividade de caça-palavras e encerrou a aula. Os alunos foram para o intervalo. No segundo momento da aula, não houve agrupamentos e, sim, uma assembleia com todos, alunos e professores, no auditório.

Aula 8

N° de alunos: 11
Intervalo em relação à aula anterior: um dia

Tempo	Texto	Suporte / Canal	Ação	Espaço Interacional	Função Pedagógica
20'	—	—	Intervalo.	—	—
10'	—	—	*Chegada dos alunos em sala.	Professor ⇔ turma	—
1h'	Nomes dos alunos	Folha mimeografada	*Retomada pela professora do exercício de caça-palavras da aula anterior; *Os alunos foram solicitados a falar em voz alta as letras da posição vertical enquanto a professora apresentava características pessoais para a turma descobrir os donos de cada nome.	Professor ⇔ turma	Acompanhamento da atividade junto com os alunos.
—	—	—	Encerramento da aula.	—	—

A aula teve início no segundo momento após o intervalo. Os alunos se dirigiram para a sala e organizaram as carteiras em semicírculo. Márcia retomou a folha de exercícios entregue na aula anterior. Ela se dirigiu ao quadro e solicitou que os alunos contassem quantos quadradinhos havia no caça-palavras e em quais posições, reproduzindo, assim, a atividade no quadro. Isso permitiu que os alunos acompanhassem melhor a atividade na folha. Eles foram descobrindo os nomes dos colegas que completavam o caça-palavras na medida em que Márcia foi fornecendo características desses colegas. Discutiram sobre o número de letras em cada nome, a semelhança dos nomes, entre outros aspectos destacados. A participação dos alunos na atividade foi muito positiva. Ao terminar a correção, a professora encerrou a aula e lembrou que as outras atividades da folha também deveriam ser realizadas.

Aula 9

N° de alunos: 10
Intervalo em relação à aula anterior: um dia

Tempo	Texto	Suporte / Canal	Ação	Espaço Interacional	Função Pedagógica
15'	—	—	*Chegada dos alunos em sala; *A professora recebe aluna novata e dialoga rapidamente com a mesma para saber sobre suas expectativas.	Professor ⇔ turma	.....
15'	Nomes dos alunos	Folha mimeografada	*Retomada das atividades da folha anterior, caça-palavras com os nomes dos alunos.	Professor ⇔ turma Aluno ⇔ aluno	Acompanhamento da atividade junto com os alunos.
5'	Palavras grifadas na "tira"	Folha mimeografada	*Correção da segunda parte das atividades da mesma folha; preencher as lacunas com as palavras que foram grifadas na "tira" da aula anterior.	Professor ⇔ turma Aluno ⇔ aluno	Acompanhamento da atividade junto com os alunos.
15'	"tira"	Oral Jornal	*Consultar os alunos se fizeram a leitura da "tira" e se descobriram de qual suporte textual ela foi retirada, como foi pedido em aula anterior. *Discussão em torno das opiniões dos alunos.	Professor ⇔ turma	Localização da "tira" no jornal. Retomada das informações já trabalhadas.
35'	—	Oral Quadro-negro	*Retomar com os alunos a discussão que deu origem à pesquisa sobre quem inventou a escrita; *Os alunos são solicitados a expressarem suas opiniões; *A professora questiona o grupo perguntando se eles acham que existem várias maneiras de escrever a mesma palavra; *Durante a conversa com os alunos, a professora registra no quadro diferentes tipos de letras para exemplificar.	Professor ⇔ turma Aluno ⇔ aluno	Levantamento de hipóteses sobre a origem da escrita.
15'	Desenho	Oral	*Introdução de um texto a partir de uma dinâmica; a professora organiza três grupos de alunos e passa uma mensagem que deve ser apresentada para a turma através de desenho.	Professor ⇔ turma Aluno ⇔ aluno	Vivenciar as possibilidades de interação com ou sem a escrita.
40'	Desenho	Oral	*Apresentação dos desenhos; três alunos de outra sala foram solicitados a identificar a mensagem contida nos desenhos; *A professora exibe para os alunos um desenho pré-histórico, questionando a turma sobre a existência ou não de comunicação através de desenhos.	Professor ⇔ turma Aluno ⇔ aluno	Vivenciar as possibilidades de interação com ou sem a escrita. Explorar a ilustração.
10'	Livro	Oral	*Apresentação do livro pela professora; *Leitura de um tópico do livro pela professora, todos prestam atenção; *Início de discussão sobre a leitura realizada.	Professor ⇔ turma	Relacionar as informações já discutidas em sala com o texto.

| 20' | Música "Partida de Futebol" | CD
Folha mimeografada (Anexo 10) | *Inicia outra atividade na qual os alunos escutam a música;
*Simultaneamente a professora distribui para os alunos uma folha mimeografada com um texto integral e o mesmo texto lacunado;
*Copia no quadro o título do texto e o nome do autor;
*Uma aluna realiza a leitura em voz alta;
*Os alunos são solicitados a enumerar as linhas do texto. | Professor ⇔ turma | — |
| — | — | — | *Encerramento da aula informando aos alunos que será dada a continuidade na próxima aula. | — | — |

Márcia chegou e, ainda sem a presença dos alunos, foi organizando as carteiras em semicírculo e apagando o quadro-negro. Uma das alunas novatas do projeto chegou mais cedo e apresentou sua irmã que acabara de se matricular. Márcia, então, conversou um pouco com a nova aluna buscando saber suas expectativas para com o curso, sobre sua trajetória escolar antes de optar pelo projeto, entre outras coisas. Aos poucos o restante do grupo chegou, e a professora apresentou a nova aluna para todos. Em seguida, Márcia solicitou a todos que acompanhassem a atividade de número dois da folha entregue na aula anterior. Solicitou que um dos alunos fizesse a leitura do item em voz alta. Em seguida, perguntou se eles entenderam o que era para ser feito. Um aluno confirma a informação dizendo que era para registrar apenas os nomes de quatro letras. Márcia retomou o quadro de caça-palavras e leu todos os nomes junto com os alunos a fim de descobrir aqueles que possuem somente quatro letras. Em seguida, ela consultou os alunos sobre o nome da "tira" e orientou para preencher as lacunas com as palavras que foram grifadas naquele texto. Após essa atividade, ela retomou a discussão que deu origem ao problema do surgimento da escrita. Para isso, introduziu um texto intitulado "Pintar é escrever?". O primeiro movimento de Márcia foi realizar com os alunos uma dinâmica, em que dividiu o grupo em três subgrupos e apresentou, para cada um, três situações distintas. A tarefa consistia em contar a alguém uma mensagem sem fazer uso da língua escrita. Cada subgrupo escolheu uma das três situações apresentadas: "Gosto de uva",

"Fui comprar banana", "Fui comprar peixe". Combinou-se um tempo para a preparação e apresentação dos subgrupos. No diálogo a seguir, podemos observar o movimento dos alunos em relação à atividade proposta:

T(E) 1e	P.:	Então agora nós vamos começar... sem usar nenhuma letra nós vamos passar uma idéia... (fala para cada grupo a mensagem e pergunta para toda a turma) como é que vocês fariam para passar essa mensagem?
2e	Aluna:	Sem usar letra?
3e	P.:	Sem usar as letras.
4e	Alunos:	Sem escrever?
5e	P.:	Isso... sem escrever.
6e	Aluna:	Mais eu tenho que falar com a pessoa...
7e	P.:	Não... vocês já sabem... vocês vão dar um jeito de mostrar a idéia sem falar e sem escrever (orientando um grupo).
8e	Aluna:	Transferir para outra pessoa...
9e	P.:	É... nós vamos pegar um papel aqui pra mostrar a idéia... depois nós vamos chamar alguém que não está aqui pra ver se ela descobre a mensagem que tá ali.

A primeira reação dos alunos foi de espanto, que talvez se justifique pela crença que eles possuem da aquisição da escrita. Em vários momentos, como em 2e, 4e e 6e, eles buscavam entender como seria possível passar uma mensagem sem o uso das letras. Aos poucos, durante a preparação da atividade nos pequenos grupos, eles foram comentando entre si sobre outras situações da vida cotidiana nas quais os sinais são os principais instrumentos de comunicação. Os grupos apresentaram suas mensagens através de desenhos, para que uma pessoa, externa à atividade de sala de aula, pudesse dizer do que se tratava. A dinâmica foi discutida por todos. Em seguida, Márcia conduziu um diálogo com os alunos, utilizando uma pergunta que aparece no próprio material de leitura que eles já tinham em mãos, como se vê em 10e:

10e	P.:	Agora... olha aqui... nesse quadro tá dando pra todo mundo ver...? (a professora mostra um desenho pré-histórico contendo animais, homem e arma de caça. Ela pergunta: "vocês acham que desenhar é escrever?"... "o desenho dá pra comunicar?"... ela lê o que está escrito no livro e todos prestam atenção). A pergunta que tá aí... vocês acham que pintar... desenhar... é escrever?

11e	**Alunos:**	Não.
12e	**P.:**	Por que que não?
13e	**Aluna:**	Pintar é diferente de escrever... desenhar também é diferente.
14e	**P.:**	Desenhar também é escrever?
15e	**Aluna:**	Desenhar é escrever (afirmação de outra aluna).
16e	**P.:**	só a Iracema que acha que não... que desenhar não é escrever.
17e	**Aluna:**	Bom... é escrever né... porque você tá usando a mão né... mas, na verdade... na verdade... não é a mesma coisa porque o desenho é diferente.
18e	**P.:**	O desenho dá pra comunicar?... o Alberto disse que o desenho dá pra comunicar... né... o desenho também dá pra comunicar... então... desenhar é comunicar então... então vou ler pra vocês aqui... a pergunta que tá escrito aqui é a seguinte... "Pintar é escrever?"

Não houve um consenso dos alunos em torno da questão central. Para alguns, desenhar é desenhar, tem um propósito específico, como, por exemplo, registrar uma paisagem. Para outros, escrever significa uma associação direta com as letras, ou seja, depende fundamentalmente das letras. A atitude de Márcia não foi a de explorar a questão. Ela permitiu que alguns alunos explicassem seu ponto de vista, como acontece em 17e. Outro movimento da professora, como se percebe em 18e, foi o de reforçar o pensamento do próprio texto e iniciar uma leitura em voz alta para que todos acompanhassem. O texto narra a necessidade do ser humano em registrar o pensamento. Após a leitura, Márcia encerrou a atividade, orientando para a próxima aula a retomada e discussão do texto.

O assunto na sala passou a ser futebol. Márcia escolheu o texto "Hoje tem futebol" em função de uma importante partida de futebol. Trata-se de uma poesia. Ela introduziu o assunto a partir de uma música muito conhecida dos alunos. Todos escutaram-na e, em seguida, começaram o diálogo. O primeiro movimento que ela fez em relação ao texto foi contextualizar a poesia, como mostra o trecho abaixo:

19e	**P.:**	Em homenagem ao jogo de amanhã... e viva o Atlético... (muitos comentários)... tem uma música que eu trouxe... (a professora coloca a música do SKANK)... quem mais não conhecia essa música?... quem é que gosta de futebol aqui?... bom... isso aí

		é... em homenagem ao jogo de amanhã né... o esperado jogo de amanhã
20e	Aluno:	Amanhã acho que é do brasileiro.
21e	P.:	Isso... e depois é pela...
22e	Aluno:	Libertadores... é quinta-feira... pela Libertadores.
23e	P.:	É uma poesia... se chama "Hoje tem futebol"... e eu escrevi duas vezes a mesma poesia... tá escrito em cima e, embaixo, ela repete... isso mesmo... viu aí... viu que ela repete duas vezes... quem quer ler... "Hoje tem Futebol"... quem é a autora dessa história... dessa poesia... é Rosa Emília de Araújo Mendes... Emília... tá faltando um acento... eu vou escrever aqui ó (se dirige para o quadro e escreve a palavra).

Os alunos, como se vê em (20e) e (22e), se sentiram muito à vontade para participar do diálogo, principalmente por se tratar de um assunto que eles conhecem bem. Esse comportamento dos alunos em relação aos assuntos que parecem fazer parte do seu cotidiano também é recorrente em outros momentos no trabalho do agrupamento. O sobrenome da autora da poesia chama a atenção de um dos alunos, que comenta:

24e	Aluno:	Lembra Chico Mendes.
25e	P.:	Por que Chico Mendes... por causa do sobrenome?
26e	Aluno:	O Chico Mendes ele era... ele foi o presidente do sindicato do...
27e	P.:	Mas por que que te ocorreu essa idéia... te lembrou Chico Mendes?
28e	Aluno:	uai... que aqui tá Mendes
29e	P.:	Ha... por causa do sobrenome... e a pessoa chama... aqui olha... que nome que é esse?
30e	Alunos:	Rosa.
31e	P.:	Rosa... Emília... de Araújo... Mendes... o Chico Mendes... ele foi do sindicato... você sabe qual sindicato que ele foi? (se dirigindo para o aluno que apontou a semelhança).
32e	Aluno:	Rural né?
33e	P.:	Dos seringueiros... do sindicato dos seringueiros... e aí... é... ele morreu assassinado né isso?... o sobrenome é o mesmo... Mendes... Chico Mendes... e essa moça... mulher... eu não a conheço... chama Rosa Emília de Araújo Mendes...

Márcia aproveitou a semelhança apontada pelo aluno para verificar o quanto ele sabe sobre o assunto 27e. Em 33e, ela complementou a informação sem estender o assunto. Em seguida, partiu para um segundo movimento em relação ao texto que consistiu na leitura em voz alta e nas atividades.

34e	P.:	Todo mundo consertou a palavra Emília?... alguém já leu aí... você quer ler em voz alta então?... quem mais já leu?...
35e	Aluna:	... ô, professora... eu não sei ler nenhuma palavra que tá aqui.
36e	P.:	Isso... mas nós vamos... você quer ler Maria Drumond? Pode ler quem mais... vamos lá... como é que chama... "Hoje tem Futebol"... e a autora é... Rosa Emília de Araújo Mendes... (a aluna começa a ler).
		(depois da leitura, ela escreve no quadro a poesia; todos enumerando as linhas da poesia, exercício lacunado; os alunos procuravam as palavras e completavam a escrita seguinte).

Diante da resposta da aluna 35e, Márcia pareceu ter ficado sem argumentos, como se vê em 36e. Sua preocupação pareceu estar voltada para tentar garantir a leitura da poesia, em voz alta, por um dos alunos. Não foi considerado, nesse momento, o nível dos alunos em relação à escrita. Essa aluna identificou as letras das palavras da poesia, mas ainda não conseguiu juntá-las. A professora direcionou uma interpretação oral da poesia. Os alunos foram relacionando letra/som:

37e	P.:	Tá faltando uns nomes aí... então vamos ver aqui... quem foi que pegou a bola?... como é que chama o sujeito que pegou a bola?... pega a bola... han...
38e	Alunos:	Maneco.
39e	P.:	Pega a bola Maneco... Maneco pegou né isso... ele pegou a bola e passou pelo...
40e	Aluna:	Teco.
41e	P.:	Teco é outro nome não é?... não é o técnico não... Teco é um outro sujeito... tá... olha aqui... Maneco e Teco... que que tem de comum aqui... o que que tem de igual... esse Maneco e Teco...
42e	Alunos:	O final.
43e	P.:	Há... o final... ECO né assim... e ECO... então esse nome Maneco com Teco rima, num rima...? Que outro nome que rima?... Luizão rima com Paulão?... Luizão e Paulão rimam? Termina do mesmo jeito?...
44e	Alunos:	Termina.
45e	P.:	Termina com AO... Luizão e Paulão... que outros nome que rimam?
46e	Aluna:	Pedrinho e Luizinho.
47e	P.:	Pedrinho e Luizinho... que outros nomes que rimam?...

Márcia chamou a atenção dos alunos para observar as palavras da poesia em relação às semelhanças na sua terminologia. Com esse procedimento, todos foram completando na folha mimeografada o mesmo texto lacunado. Ela informou aos alunos que será dada continuidade nas atividades na próxima aula e encerrou.

Aula 10

N° de alunos: 11

Intervalo em relação à aula anterior: um dia

Tempo	Texto	Suporte / Canal	Ação	Espaço Interacional	Função Pedagógica
5'	—	—	*Chegada dos alunos à sala.	Professor ⇔ turma	—
30'	Livro	Caderno xerocado	*Retomada pela professora do problema de pesquisa, registrando no quadro a questão "como foi o surgimento da escrita?" e as hipóteses sugeridas anteriormente pelos alunos; *Entrega para os alunos de um caderninho xerocado contendo o texto lido na aula anterior.	Professor ⇔ turma	—
15'	Livro	Quadro-negro	*Escreve com três tipos de letras diferentes o subtítulo no quadro (ficou apagado); *Os alunos comentam como seria a época das cavernas.	Professor ⇔ turma	Diferenciação do tipo de letra.
15'	Desenho	Retroprojetor	*Explora os conhecimentos prévios dos alunos sobre a vida nas cavernas; *Retorno ao texto, procurando entender o que mostrava o desenho.	Professor ⇔ turma	Análise das ilustrações do livro.
25'	Texto	Folha mimeografada	*Discussão com os alunos sobre o preenchimento das lacunas.	Professor ⇔ turma	Correção do texto com lacunas.
—	—	—	Encerramento da aula. Os alunos foram para o intervalo e, em seguida, para o agrupamento de matemática.	—	—

Márcia chegou e preparou as carteiras. Ela trouxe para a aula alguns recursos ainda não conhecidos por alguns alunos, como, por exemplo, o retroprojetor. Ela testou esse aparelho. Após a chegada de todos, Márcia retomou a questão central da pesquisa. Registrou no quadro-negro a seguinte pergunta: "como

foi o surgimento da escrita?" As opiniões dos alunos também eram registradas:
- A "escrita veio de Deus";
- A "escrita veio dos escravos";
- "Foi Jesus que começou a escrever nas pedras".

Os alunos receberam de Márcia um caderninho xerocado contendo o texto lido na aula anterior. Como o título não havia ficado legível, ela o reescreveu no quadro em letra de forma. A partir das ilustrações, ela discutiu com os alunos como seria a época das cavernas. Márcia sugeriu que todos assistissem ao filme "A guerra do fogo" como um meio para ampliar as discussões sobre o assunto. No retroprojetor, os alunos observaram a sequência de um "acordo de paz" que aparece no texto que passaram a discutir. Em seguida, a professora faz a correção do texto lacunado do poema "Hoje tem futebol". Ela finalizou a aula, e os alunos foram para o intervalo. No segundo momento, os alunos se dirigiram para o agrupamento de matemática.

Algumas considerações

De modo geral, a análise do processo desenvolvido com esse conjunto de textos utilizados no aprendizado da leitura e da escrita aponta algumas considerações importantes, além das já citadas no decorrer da descrição. Podemos perceber que o processo de alfabetização não se fundamenta em pressupostos metodológicos claros. Verifica-se que o princípio adotado apresenta traços tanto de um método global, em alguns momentos, quanto de um método silábico, em outros momentos. Não há uma lógica fixa. O trabalho varia muito quanto a sua organização e funcionamento. Nesse aspecto, há um descompasso entre a forma escolar na qual os alunos concebem o aprendizado da escrita e a forma pela qual ocorre o processo de alfabetização no agrupamento.

É importante considerar que há um espaço de tempo muito grande entre os trabalhos desenvolvidos com textos no agrupamento. Um exercício de fixação, por exemplo, pode ser retomado muitas semanas depois como também pode não ser mencionado. A irregularidade nos encontros, somada à ausência de uma progressão do grau de complexidade na abordagem do sistema de escrita, contribuiu para a não fixação de conceitos e regras pelos alunos. Como decorrência desse processo, observa-se o desestímulo de alguns alunos, as frequentes ausências aos encontros e, ainda, o fato de alguns chegarem ao final do ano com pouco avanço no processo de aquisição da escrita.

Observamos ainda que, no desenvolvimento das ações, em nenhum momento se trabalhou com diferentes textos, ao mesmo tempo, com o propósito de contemplar a diversidade de faixa etária, as dificuldades de apreensão do sistema de escrita ou os gostos dos alunos, por exemplo. Embora diferentes portadores de textos estivessem presentes na sala de aula, o trabalho com textos era sempre homogêneo: o mesmo texto e os mesmos exercícios para todos os alunos. Em relação à seleção desses textos, verificou-se que o principal critério era a temática em discussão na sala de aula.

Havia uma predominância de textos autênticos que eram apresentados aos alunos na íntegra, independentemente de sua complexidade. Quando o texto a ser trabalhado era um recorte do original, os professores buscavam contextualizá-lo com o objetivo de assegurar uma unidade de sentido. Esse conjunto de textos utilizados no aprendizado da leitura e da escrita permitiu um determinado tipo de contato com a escrita.

O texto no agrupamento de memória

Esse agrupamento foi pensado pelo grupo de professores para ocupar o lugar do agrupamento de poesia que chegou ao seu final. O objetivo central do agrupamento de memória era orientar os alunos na escrita de um memorial sobre a sua própria trajetória. Segundo alguns professores, em anos anteriores, esse tipo de trabalho já havia sido realizado com sucesso. Passamos a apresentar, a seguir, através dos quadros de eventos, quatro aulas desse agrupamento.

Aula 8

Nº de alunos: 32
Intervalo em relação à aula anterior: um dia

Tempo	Texto	Suporte / Canal	Ação	Espaço Interacional	Função Pedagógica
15'	—	—	*Chegada dos alunos em sala.	Professor ⇔ Turma	—
20'	Cartaz com fotos antigas	Quadro-negro	*Os professores pregam no quadro um cartaz com fotos antigas de colegas da sala que foram recolhidas na aula anterior.	Turma ⇔ Turma	—
10'	Cartaz com fotos antigas	Quadro-negro	*Os alunos são solicitados a observar de perto a exposição, perceber os detalhes, identificar os colegas.	Turma ⇔ Turma	Identificar as fases da vida dos alunos.
1h	Reconto oral	Oral	*Em círculos, cada aluno que trouxe foto relatou aquele momento para os demais.	Grupos	Interação do grupo.
10'	—	Oral	*Retomada pela professora da intenção do memorial e procedimentos a serem tomados pelos alunos.	Professor ⇔ turma	Reafirmar os objetivos do trabalho.
5'	—	Quadro-negro	*A professora registra no quadro o horário da semana.	Professor ⇔ turma	Orientar as ações da semana.
—	—	—	*Intervalo. O segundo momento é no agrupamento de matemática.	—	—

Essa foi 112ª aula do projeto e a oitava do agrupamento de memória que, como já foi dito, se constituiu ao final do segundo semestre. A dupla de professores responsável por essa sala havia orientado, em aula anterior, os alunos para que trouxessem fotografias que representassem momentos importantes para eles. Os alunos atenderam à solicitação, e os professores organizaram, previamente, em cartazes, as fotos. Em seguida, esses cartazes foram fixados no quadro para a observação de todos. A primeira tarefa foi identificar os colegas da sala nas fotografias. Houve muitos comentários, principalmente em relação às fotos mais antigas. Em algumas foi difícil essa identificação pela ação do tempo ou porque o dono da foto, por exemplo, aparecia bem mais jovem. Os professores solicitaram que os alunos se organizassem em círculos para a segunda tarefa, que consistia no relato oral. Aqueles alunos do grupo que trouxeram fotografias contextualizaram aquele momento para os demais. O relato oral dessas vivências foi o ponto central do trabalho e necessitou de um tempo maior. Em muitos casos, os momentos registrados nas fotografias traziam lembranças de lugares, pessoas queridas, situações difíceis, entre outros sentimentos, que foram externados pelos alunos através dos depoimentos. Após os relatos e as discussões em torno deles, um dos professores lembrou à turma que todas as dinâmicas realizadas nesse agrupamento têm como finalidade contribuir para a escrita do memorial. Ele explicou que esse instrumento seria utilizado na avaliação final. Pediu que os alunos já fossem pensando onde gostariam de escrever o memorial, num caderno ou em folhas separadas, por exemplo. Chamou a atenção de todos para o tempo de realização dessa escrita, que seria aproximadamente um mês e meio. Quanto ao conteúdo a ser escrito, orientou os alunos para que se lembrassem de fatos significativos em suas trajetórias de vida, o ano que mais marcou, o fato político da época, entre outros elementos. Nesse momento, houve muitos comentários entre os alunos sobre o que poderia ser ou não escrito num memorial: o casamento, o nascimento dos filhos, a vida no interior, a infância, por exemplo. Duas alunas do agrupamento de alfabetização, que conversavam sobre as orientações dadas, afirmavam que iriam apenas selecionar e colar as fotografias que retratavam momentos importantes, pois não saberiam escrever os fatos. Um dos professores, que logo percebeu a preocupação das alunas, buscou tranquilizá-las, dizendo que também poderia ser usado o recurso do gravador. Finalizando esse primeiro momento de aula, o outro professor passou no quadro o horário da semana e em seguida dispensou a turma. Os alunos se dirigiram para o pátio. Após o intervalo, no segundo momento, estava prevista mais uma aula do agrupamento de matemática.

Aula 9
Nº de alunos: 36
Intervalo em relação à aula anterior: um dia

Tempo	Texto	Suporte / Canal	Ação	Espaço Interacional	Função pedagógica
15'	—	—	*Chegada dos alunos em sala.	Alunos ⇔ Alunos	—
15'	Livro	Apresentação do professor	*Distribuição do livro para a turma; *Informações técnicas e de conteúdo sobre o livro.	Professor ⇔ turma	Conhecimentos prévios e exploração das normas técnicas.
20'	Livro	Trechos do texto	*Leitura compartilhada pelos alunos.	Aluno ⇔ Turma	Diagnóstico de leitura e interpretação.
1:10'	Livro	Oral	*Debate.	Professor ⇔ turma	Socialização/ interação
—	—	—	*Intervalo, segundo momento da aula, agrupamento de origem.	—	—

Os professores e alguns alunos chegaram antes à sala de aula; aos poucos a turma foi se completando. A conversa dos alunos estava voltada para a elaboração escrita do memorial. Alguns apresentavam o que haviam conseguido escrever até o momento. Outros ainda não tinham ideia do que iriam escrever. Dos alunos do agrupamento de alfabetização presentes nessa sala, dois tinham selecionado apenas as fotografias, um já havia escrito sobre sua infância com a ajuda de outras pessoas de casa, e três não sabiam exatamente o que era para ser feito. Os professores responsáveis por essa sala não demonstravam efetivo empenho em auxiliar o registro do memorial dos alunos que possuíam pouca ou nenhuma habilidade de escrita, entre eles os da alfabetização. Isso se evidenciava pelo modo como era conduzida a atividade sem privilegiar momentos específicos para atendimento desses alunos. Era como se todos estivessem num mesmo nível de relação com a escrita. Um dos professores iniciou a distribuição de um livro para a turma. À medida que iam recebendo, começavam imediatamente a folhear, percebendo as ilustrações. O professor aproveitou o momento para explorar o material com os alunos. Iniciou explicando a estrutura de um livro, capa, editora, página dedicatória, informando, ainda, entre outros dados, que se tratava de um conto. Em seguida, organizou a leitura de modo que cada página fosse lida por um aluno. No decorrer da leitura, o professor chamava a atenção dos alunos para as ilustrações, exemplificando, ao mesmo tempo, como poderia ficar os memoriais. Os alunos do agrupamento de alfabetização não conseguiram seguir a leitura no livro sem se perderem. A estratégia que utilizavam era a de se orientar pelas ilustrações junto com a leitura em voz alta dos colegas.

Aula 17

N° de alunos: 29
Intervalo em relação à aula anterior: quinze dias

Tempo	Texto	Suporte / Canal	Ação	Espaço Interacional	Função Pedagógica
10'	—	—	*Chegada dos alunos à sala.	Professor ⇔ turma	—
2h	Memorial do aluno	Reescrita	*Os alunos estão em processo de escrita do memorial. *Professores refazendo o texto junto com os alunos.	Alunos ⇔ Alunos Professor ⇔ Aluno	Correção da escrita junto com o aluno.
20'	—	—	*Intervalo.	—	—
1h30	Memorial do aluno	Reescrita	*Mesmas ações do primeiro momento de aula.	Alunos ⇔ Alunos Professor ⇔ Aluno	Correção da escrita junto com o aluno.
—	—	—	Encerramento da aula.	—	—

Nas últimas oito aulas anteriores, os professores mantiveram as mesmas ações, ou seja, seleção e escrita dos fatos a serem relatados pelos alunos. Assim, nos momentos do agrupamento de memorial, os professores se dirigiam para as suas respectivas salas à espera dos alunos que, aos poucos, iam chegando para tirar dúvidas, socializar o texto que já haviam escrito, entre outras coisas. Os encontros desse agrupamento funcionavam como um espaço de orientação individual e coletiva em torno do registro escrito sobre as vivências, que era o objetivo final do trabalho. O número de professores em sala se revelou insuficiente para o atendimento aos alunos. Muitos, por iniciativa própria ou por orientação dos professores, buscavam a ajuda do colega para ler o memorial e tirar dúvidas sobre a escrita de palavras. Os alunos do agrupamento de alfabetização receberam individualmente a orientação dos professores nessa escrita. Mas essa orientação não foi suficiente, pois alguns alunos não tinham domínio mínimo do código escrito para registrar frases curtas, por exemplo, sobre suas vivências. Essa relação estabelecida, no agrupamento de memória, com os alunos da alfabetização não provocou uma interação maior deles com a língua escrita, como os professores insistem em afirmar. Ao contrário, o envolvimento dos alunos em situações que requerem o domínio e uso da escrita sem um acompanhamento sistemático pode se transformar em experiências negativas, para o próprio aluno no processo de aprendizagem. Ele começa a reforçar, no âmbito individual, a condição de ser incapaz de aprender. "Eu consegui escrevê isso daqui... (mostrando para os colegas duas frases no caderno)... isso deve tá bom pra memorial, né... não sei fazê mais não... não sei escrevê". Outras afirmações que confirmam essa postura dos alunos foram percebidas durante todo o processo de construção do memorial.

Nº de alunos: 31
Intervalo em relação à aula anterior: um dia

Tempo	Texto	Suporte / Canal	Ação	Espaço Interacional	Função Pedagógica
10'	—	—	*Chegada dos alunos à sala.	Professor ⇔ turma	—
3h40	Memorial do aluno	Discussão oral	*Término da escrita do memorial; *Organização da exposição dos trabalhos pelos alunos; *Leitura dos memoriais pelos professores.	Professor ⇔ Aluno ⇔ Aluno	Leitura dos memoriais pelos professores.
—	—	—	*Encerramento da aula.	—	—

Esse foi o último encontro do agrupamento de memória. Quando os professores chegaram à sala, já havia alunos à espera, discutindo os memoriais. Eles informaram à turma que esse seria o último dia de prazo para os alunos que ainda não terminaram o memorial. A tarefa para os que já tinham concluído era preparar a exposição dos trabalhos. A turma se dividiu em dois grandes grupos: um grupo dos alunos que estavam terminando seus memoriais e outro dos alunos que preparavam a apresentação. A sala ficou sem professores, que informaram à turma que estariam reunidos para dar continuidade à leitura dos memoriais. Dois professores retornaram à sala para anotar no quadro a programação final de aulas, que incluía o processo de avaliação e a festa de encerramento.

Algumas considerações

De modo geral, percebemos que a discussão prévia sobre um determinado assunto pode durar mais de um encontro. Essa prática, às vezes, é interpretada, por muitos alunos que se matriculam no projeto, como perda de tempo. Há uma ansiedade deles em relação às atividades ou avaliações a partir do que é estudado. Como isso não ocorre de acordo com um modelo escolar, os alunos vão impondo outros ritmos ao processo. Um exemplo disso é o que relata um dos alunos que frequenta o projeto pela primeira vez, oriundo de uma sétima série regular: "eu vim pra cá porque essa escola aqui é fácil demais".

A discussão sobre um assunto pode se dar em grupos menores, como também os professores podem conduzir o debate no grande grupo. Essa organização no interior do agrupamento sempre depende do número de pessoas presentes à aula. Um dos professores, por exemplo, esclarece para os alunos que: "o nosso papel na discussão é de estar anotando e, ao mesmo tempo, problematizando a fala de vocês". Como resultado de um debate em sala, a dupla de professores também costuma pedir que eles registrem aquilo que foi discutido. Verificamos que os alunos da alfabetização praticamente não se envolvem com as ações desenvolvidas nos outros agrupamentos, principalmente em função de não dominarem o código escrito.

Outra ação recorrente, nas atividades envolvendo textos, é a leitura em voz alta com interpretação oral. A leitura pode ser feita tanto pelos professores quanto pelos alunos. Nessas ações, alguns alunos da alfabetização também estão impedidos de participar de modo mais efetivo, pois não conseguem acompanhar a leitura fluente de um texto escrito. Uma das estratégias dos professores é separar esses alunos inserindo-os em diferentes grupos menores, nos quais outros alunos que tenham uma leitura mais proficiente possam auxiliar nas dificuldades, dando um suporte. Percebemos que esses alunos do agrupamento de alfabetização são espectadores nas outras salas. O fato de não poderem se apropriar de modo mais efetivo das leituras os impede de expressar suas opiniões no momento da interpretação oral. A limitada participação desses alunos nas ações de outros agrupamentos traz como consequência a desmotivação e a pouca frequência às aulas. Apenas três dos seis alunos entrevistados acompanharam as aulas do agrupamento de memória; os demais participavam esporadicamente do processo.

Esses foram, portanto, os eventos de letramento da prática educativa do projeto que a realização deste estudo nos possibilitou apreender. Entendemos que esses dados podem indicar algumas reflexões para o campo da Educação de Jovens e Adultos e, mais precisamente, para as práticas que pretendem construir um processo de letramento. Nas considerações finais deste livro, procuramos apontar alguns aspectos.

Considerações finais

Reflexões acerca do letramento na educação de jovens e adultos

Neste momento de reflexão em torno da produção desta obra, é imprescindível retomarmos a questão central colocada por nosso objeto de pesquisa: qual é o tipo de letramento que é construído num contexto específico de um Projeto de Educação de Jovens e Adultos? A partir do objeto de pesquisa, buscamos explicitar em nossas considerações finais os resultados que foram sendo registrados ao longo deste trabalho. Entendemos que esses resultados podem constituir tópicos de reflexão acerca das discussões e experiências sobre o letramento no campo da Educação de Jovens e Adultos. Ao concluir este livro, procuramos dialogar com a recente produção teórica sobre o letramento, relacionando-a com o trabalho da Educação de Jovens e Adultos, e apontar reflexões que possam ser úteis para as práticas de alfabetização nesse campo.

O letramento que é construído na experiência observada foi apreendido a partir de dois movimentos. Um primeiro que se refere aos discursos dos sujeitos em torno dos usos que fazem ou pretendem fazer da escrita, dos valores que tendem a atribuir ao sistema de escrita e da visão sobre o aprendizado, e um segundo que busca captar os eventos de letramento através da prática educativa do projeto. Nos discursos em torno dos usos que fazem ou pretendem fazer da escrita, os alunos revelam a necessidade de construir uma autonomia de uso da língua escrita em relação às pessoas que estão mais próximas. No que se refere aos valores que tendem a atribuir ao sistema de escrita, os discursos dos sujeitos caminham no sentido de buscar, através da aquisição da escrita, uma maior mobilidade social inserindo e participando de modo efetivo em outros espaços que não só a família. Nos discursos acerca da visão que possuem do aprendizado, os alunos demonstraram uma percepção em torno do processo de aquisição da leitura e da escrita pautada num modelo tradicional escolar de ensino. Essa percepção se deve principalmente à forma com a qual eles foram se apropriando e inserindo no mundo da cultura escrita. Ao contrário, verificou-se que os discursos do projeto e dos professores em torno do aprendizado não são convergentes; embora busquem valorizar as experiências dos alunos como ponto de partida para o aprendizado, acabam por imprimir um caráter mais eventual ao processo. Num segundo movimento, os eventos destinados ao aprendizado da língua escrita revelaram um processo não sistemático orientado basicamente pela discussão oral. O trabalho com textos apresentou traços tanto de um método global, em alguns momentos, quanto de um método silábico em outros momentos. O movimento de professores e alunos no trabalho com os textos não revelou, por exemplo, uma progressão no grau de complexidade na abordagem do sistema de escrita.

A partir desses resultados, passamos a fazer algumas reflexões em relação à recente produção teórica no campo do letramento e da EJA.

Um primeiro aspecto a refletir refere-se à crescente ação de programas em organizar processos educativos, acerca da aquisição e do uso da escrita, privilegiando práticas que favoreçam o letramento. Essa visão amplia o papel da escrita e da leitura na prática, deixando de ser vista com um fim em si mesma, transcendendo a mera decifração e transcrição de letras e sons, passando a constituir atividades orientadas através da busca do sentido, do significado e do contexto. Autores como Ribeiro (org.-2001), Soares (1998), Freire (1981), Kleiman (1995), discutem a importância de considerar a determinação social e cultural nas práticas de letramento de indivíduos ou grupos sociais. A *Quinta Conferência Internacional de Educação de Adultos (CONFINTEA V)*, realizada em Hamburgo, em julho de 1997, também afirma em seu texto essa visão mais ampla do processo quando se compromete em:

> ...fazer com que a alfabetização responda ao desejo de promoção social, cultural e econômica dos aprendizes, substituindo a visão estreita pela visão de educação que permita a expressão de uma nova forma de cidadania.

Ao refletir sobre essas produções teóricas acima apresentadas, relacionando-as com os dados que foi possível coletar em nossa pesquisa, vemos que essa concepção para o projeto permite a ampliação de metodologias no trabalho com o primeiro segmento de EJA. No entanto, a observação participante nos levou a considerar que uma proposta educativa que de fato pretenda desenvolver em seus educandos uma condição letrada, permitindo o efetivo uso da língua escrita, não pode pautar suas ações apenas no modelo ideológico de letramento. A prática do projeto, que, por um lado, está voltada para a formação crítica dos sujeitos ampliando sua percepção da realidade, por outro, desenvolve um conjunto de ações que não possibilitou que esses mesmos sujeitos se apropriassem efetivamente do sistema de escrita. Em outras palavras, verificou-se nessa prática uma forte tensão entre letrar e alfabetizar. A experiência mostrou que a ausência de práticas mais sistematizadas no aprendizado da língua escrita pode reforçar a evasão, o desinteresse e até mesmo o sentimento de inferioridade dos alunos entre si. Entendemos que, paralelo à diversidade de práticas de letramento que se busca desenvolver com os alunos no primeiro segmento de EJA, é imprescindível garantir, entre outras coisas, a construção de conceitos e regras, respeitando uma progressão no grau de complexidade na abordagem do sistema de escrita. Desse modo, faz-se necessário pensar em ações que favoreçam, ao mesmo tempo, a alfabetizar e letrar dos sujeitos.

Outro aspecto que a pesquisa suscita para a discussão refere-se ao confronto de diferentes experiências culturais e de relação com a escrita que se manifestam no grupo de alunos.

Esse aspecto é abordado, por exemplo, nos textos de autores que a TV Escola veiculou através do programa "Salto para o Futuro" na série *Educação de Jovens e Adultos: novas perspectivas* (MEC, 2001), e ainda na *Proposta Curricular para a Educação de Jovens e Adultos* (RIBEIRO, 1997), material norteador de diversas práticas educativas para esse segmento. Essa produção, ao mesmo tempo em que ressalta um processo de ensino voltado para a educação integral, envolvendo aspectos sociais, afetivos, culturais e cognitivos dos alunos, reconhece que esse processo deve partir das necessidades de aprendizagem dos mesmos, considerando os seus saberes, principalmente em relação à escrita, advindos das experiências cotidianas. Ganha relevância, portanto, nas propostas pedagógicas, a adequação dos processos de aprendizagem ao desenvolvimento individual e coletivo de habilidades que propiciem a construção de uma condição letrada, como afirma Ribeiro (2001, p. 59):

> Para aprender, o leitor precisa avaliar com precisão quais são as lacunas de conhecimento que precisa preencher, que níveis de tarefas podem ser abarcados num determinado estágio do processo e, além disso, identificar índices nos quais informações relevantes podem ser encontradas. Estratégias pontuais relacionadas à metacognição estão, portanto, assentadas em atitudes mais amplas, que dizem respeito às próprias teorias dos sujeitos com relação ao valor e à funcionalidade da escrita, sobre si mesmos, como aprendizes, e, de forma mais geral, como participantes de uma dada cultura.

A observação participante na sala de aula e as entrevistas realizadas na pesquisa mostraram a grande dificuldade e preocupação do projeto em transpor para o processo de aprendizagem dos sujeitos as suas diferentes experiências em relação à escrita. Vemos que a metodologia construída no processo pedagógico comprometeu a aprendizagem. Em relação ao trabalho com textos, por exemplo, os mesmos eram selecionados sem considerar elementos importantes, como os gostos, os níveis de relação com a escrita, a faixa etária. O mesmo se confirmou em relação às atividades a partir dos textos; estas não mantinham uma variedade na formulação dos exercícios. Entendemos que esses aspectos ligados à aprendizagem no projeto refletem a pouca discussão dos professores acerca dos processos que desenvolvem. Um caminho seria distanciar do mesmo para melhor refleti-lo criticamente, pois uma prática que se pretende estar verdadeiramente voltada para a valorização das capacidades de aprendizagem dos jovens e adultos deve, acima de tudo, conhecer cada sujeito envolvido para saber definir em cada caso específico a melhor estratégia de ensino.

Uma terceira questão diz respeito ao reconhecimento e ao trabalho acerca dos discursos dos sujeitos sobre o processo de aquisição da língua escrita e seu aprendizado. Não basta somente reconhecer, como a experiência insiste em mostrar; de fato, é preciso entender como esses jovens e adultos pensam o processo, como compreendem as relações que se estabelecem no aprendizado com a vida cotidiana. Sabemos que o desafio de favorecer o acesso à cultura letrada, de modo que os sujeitos participem ativamente das relações socioculturais, é grande, mas pode ser minimizado à medida que se amplia a discussão em torno das formas de ensino e aprendizagem, dos conteúdos a serem abordados, do papel que o projeto desempenha, das possibilidades de intervenção dos professores e, ainda, das necessidades que os alunos buscam suprir.

Discutimos, nos parágrafos anteriores, algumas questões expressas nas produções atuais na área da Educação de Jovens e Adultos para o primeiro segmento, a partir dos dados coletados na pesquisa. A realização dessa pesquisa possibilitou acompanhar uma prática que tanto apontou avanços quanto limites acerca do processo que se propôs desenvolver com os sujeitos, além de suscitar muitas reflexões.

Referências

AÇÃO EDUCATIVA - EJA. *Proposta curricular para o 1º segmento do ensino fundamental.* Vera Maria Masagão (coord.). São Paulo: Ação Educativa; Brasília: MEC, 1997.

BATISTA, Antônio Augusto Gomes. O Ceale e a posição no intervalo: Trajetória, atividades, perspectivas. In: _____ (orgs.). *Dez anos Ceale: trajetória e perspectivas em pesquisa e ação educacional.* Belo Horizonte, UFMG/ Faculdade de Educação, 2000.

BEISIEGEL, Celso de Rui. *Estado e educação popular: um estudo sobre educação de adultos.* São Paulo: Pioneira, 1974.

CHARTIER, A. M.; HÉBRARD, J. *Discursos sobre a leitura (1880-1980).* São Paulo: Ática, 1995.

CONFERÊNCIA INTERNACIONAL SOBRE A EDUCAÇÃO DE ADULTOS - V CONFINTEA. *Declaração Internacional sobre Educação de Adultos.* Hamburgo, 1997.

FERRARO, Alceu. In: Seminário Letramento e alfabetização – o campo de pesquisa. 28 a 30/04/1999 Fae/UFMG.

FERREIRO, Emília. *Los adultos no alfabetizados y sus conceptualizaciones del sistema de escritura.* México, Instituto Pedagógico Nacional, 1983.

FREIRE, Paulo. *Ação cultural para a liberdade e outros escritos.* Rio de Janeiro: Paz e Terra, 1981.

HERINGER, Rosana; CARVALHO, Isabel; LIMONCIC, Flávio. As várias faces da exclusão. In: *Revista Democracia*, IBASE, n. 105, ago./set., 1994.

KLEIMAN, Ângela B. (org.). *Os significados do letramento: uma nova perspectiva sobre a prática social da escrita.* Campinas: Mercado de Letras, 1995.

KLEIMAN, Ângela B. Modelos de letramento e as práticas de alfabetização na escola. In: KLEIMAN, Ângela B. (org.). *Os significados do letramento: uma nova perspectiva sobre a prática social da escrita.* Campinas: Mercado de Letras, 1995, p. 15-61.

KOCK, Ingedore Villaça. *A inter-ação pela linguagem.* São Paulo: Contexto, 1997.

OLIVEIRA, Marta Kohl de. Jovens e Adultos como sujeitos de conhecimento e aprendizagem. In: RIBEIRO, Vera Maria Masagão (org.). *Educação de jovens e adultos: novos leitores, novas leituras.* Campinas: Mercado de Letras; Associação de Leitura do Brasil - ALB; São Paulo: Ação Educativa, 2001.

OLIVEIRA, Marta Kohl de. Letramento, cultura e modalidades de pensamento. In: KLEIMAN, Ângela B. (org.). *Os significados do letramento: Uma nova perspectiva sobre a prática social da escrita.* Campinas: Mercado de Letras, 1995.

OLSON, David. *O mundo no papel - as implicações conceituais e cognitivas da leitura e da escrita.* São Paulo: Ática, 1997.

PAIVA, Vanilda Pereira. *Educação popular e educação de adultos.* 2ª ed. Rio de Janeiro: Loyola, 1983.

RIBEIRO, Vera Maria Masagão. *Alfabetismo e atitudes.* Campinas, SP: Papirus; São Paulo: Ação Educativa, 1999.

RIBEIRO, Vera Maria Masagão (org.). *Educação de jovens e adultos: novos leitores, novas leituras.* Campinas: Mercado de Letras: Associação de Leitura do Brasil - ALB; São Paulo: Ação Educativa, 2001.

SCHMELKES, Sylvia. Las necesidades básicas de aprendizaje de los jóvenes y adultos en América Latina. In: OSORIO VARGAS, Jorge; RIVERO HERRERA, José (Comps.). *Construyendo la modernidad educativa en América Latina: nuevos desarrollos curriculares en la educación de personas jóvenes y adultas.* Lima: OREALC; UNESCO; CEAAL; Tarea, 1996, p.13-43.

SOARES, Leôncio José Gomes. *Do trabalho para a escola: as contribuições dessa trajetória a partir de uma experiência de escolarização de adultos.* Belo Horizonte: Faculdade de Educação da Universidade Federal de Minas Gerais, 1987. Tese (Mestrado em Educação)

SOARES, Leôncio José Gomes. *Educação de adultos em Minas Gerais: continuidades e rupturas.* São Paulo: Faculdade de Educação da Universidade de São Paulo, 1995. Tese (Doutorado em Educação)

SOARES, Magda B. As condições sociais da leitura: uma reflexão em contraponto. In: ZILBERMAN, Regina; SILVA, Ezequiel T. (orgs.) *Leitura - perspectivas interdisciplinares*. 4. ed. São Paulo: Ática, 1998, p. 18-29.

SOARES, Magda B. *Letramento: um tema em três gêneros.* Belo Horizonte: Autêntica, 1998.

SOARES, Magda B. In: RIBEIRO, Vera Maria Masagão. *Alfabetismo e atitudes*. Campinas: Papirus; São Paulo: Ação Educativa, 1999.

STREET, Brian. *Literacy in theory and practice.* Cambridge: Cambridge University Press, 1984.

Fumec apoia produção científica

Ciente de sua responsabilidade de incentivar a produção científica e, em particular, de proporcionar um espaço privilegiado para a divulgação de trabalhos de seu corpo docente, a Faculdade de Ciências Humanas da Universidade FUMEC tem a satisfação e a honra de participar como coeditora desta importante obra da professora Marina Lúcia de Carvalho Pereira.

A professora Marina Lúcia iniciou suas atividades no corpo docente da Faculdade em 2003 e leciona, atualmente, Didática I e II no curso de graduação em Pedagogia e é tutora do Projeto Veredas (Curso Normal Superior à Distância de Formação de Professores).

Em *A construção do letramento na educação de jovens e adultos*, a professora Marina Lúcia de Carvalho Pereira apresenta e debate avanços e, sobretudo, limitações na aquisição de letramento por jovens e adultos em início de alfabetização, no Brasil. Este livro é resultado da dissertação de mestrado da autora, na Faculdade de Educação da Universidade Federal de Minas Gerais (UFMG). Para discutir o tema, ela acompanhou, durante um ano, dois professores e seis alunos de um curso de alfabetização de jovens e adultos, em uma escola de um bairro operário, em Belo Horizonte.

Marina Lúcia de Carvalho Pereira parte do pressuposto de que o tipo de letramento construído num curso dessa natureza é influenciado por experiências sociais, culturais e históricas dos alunos em relação à aquisição da escrita e por processos pedagógicos utilizados pelos professores. A autora observa, na pesquisa em questão, a construção de um letramento bastante limitado. Uma das causas está relacionada a divergências entre o discurso e a prática da escola e dos professores. Embora os docentes do projeto de alfabetização estudado busquem valorizar a experiência dos alunos como ponto de partida para o aprendizado, o caráter dado a esse processo em sala de aula é apenas eventual.

Para chegar a essas conclusões, a autora faz uma discussão acerca dos desafios da alfabetização de jovens e adultos, com foco na grande dificuldade que programas e campanhas destinados a esse público encontram, no que diz respeito a cumprir seus objetivos. Ela apresenta também um breve histórico das iniciativas de alfabetização no Brasil, nas últimas décadas. Em seguida, dá voz aos sujeitos pesquisados, tanto professores quanto alunos, para explicitar os sentidos, valores e significados que eles atribuem ao domínio e ao uso da escrita. A autora descreve, ainda, o tipo de letramento que o curso em questão tende a possibilitar.

Por fim, Marina Lúcia de Carvalho Pereira confronta os resultados da pesquisa com a recente produção teórica sobre o letramento. Esse rico diálogo traz importante contribuição para a compreensão do tema e aponta, com propriedade, reflexões úteis a ações alfabetizadoras no campo da educação de jovens e adultos.

Prof. Amâncio Fernandes Caixeta
Diretor Geral da FCH/FUMEC

Prof. Eduardo Martins de Lima
Coord. Comissão Editorial da FCH/FUMEC

Este livro foi composto com tipografia Times new roman e
impresso em papel Off Set 75 g/m² na Formato Artes Gráficas.